高等职业教育职业核心能力系列教材

审美与修养

主　编　陆樱樱　徐　晨
副主编　陈施宇　李　博　朱宇博
参　编　路培培　李占锋

北京理工大学出版社
BEIJING INSTITUTE OF TECHNOLOGY PRESS

内 容 简 介

慧眼洞见美好,吴冠中说:"现在的文盲不多了,但美盲很多。"木心说:"没有审美力是绝症,知识也解救不了。"现在很多人穷,穷的不是物质,也不是文化,而是审美。没有恰当的审美,生活暴露出最务实最粗俗的一面,越来越追求实用化的背后,生活越来越无趣、越来越枯萎。审美力是对生活世界的深入感觉,俗话说:世界上不乏美的事物,只缺乏那双洞察一切美的眼睛。一个人审美水平的高低,决定了他竞争力水平,因为审美不仅代表着整体思维,也代表着细节思维。

万物各不相同,但它们都同样被我们所欣赏,使我们快乐,就因为它们都是独一无二的。在审美方面,读完此书望大家能共同提高。本书是一本有关审美学的普及读物,对于读者了解审美,提升自身的审美与修养有所帮助,同时也适合作为各类高等院校的课程教材。

版权专有　侵权必究

图书在版编目(CIP)数据

审美与修养 / 陆樱樱,徐晨主编. —北京:北京理工大学出版社,2020.7

ISBN 978-7-5682-8687-9

Ⅰ.①审… Ⅱ.①陆… ②徐… Ⅲ.①审美教育-通俗读物 Ⅳ.①G40-014

中国版本图书馆 CIP 数据核字(2020)第 117073 号

出版发行 /	北京理工大学出版社有限责任公司
社　　址 /	北京市海淀区中关村南大街 5 号
邮　　编 /	100081
电　　话 /	(010)68914775(总编室)
	(010)82562903(教材售后服务热线)
	(010)68948351(其他图书服务热线)
网　　址 /	http://www.bitpress.com.cn
经　　销 /	全国各地新华书店
印　　刷 /	唐山富达印务有限公司
开　　本 /	787 毫米 × 1092 毫米　1/16
印　　张 /	16.5
字　　数 /	212 千字
版　　次 /	2020 年 7 月第 1 版　2020 年 7 月第 1 次印刷
定　　价 /	48.00 元

责任编辑 /	封　雪
文案编辑 /	毛慧佳
责任校对 /	刘亚男
责任印制 /	施胜娟

图书出现印装质量问题,请拨打售后服务热线,本社负责调换

丛书编委会

主　任： 张进明

副主任： 罗　瑜　马祥兴　徐　伟

委　员：（按姓氏拼音排列）

金春凤　赖　艳　李伟民　刘于辉　陆樱樱　马树燕
时　俊　施　萍　苏琼瑶　王慧颖　王闪闪　王霞成
徐　晨　杨美玲　殷耀文　俞　力　张庆华　张香芹
周少卿　朱克君

序

职业能力包括三个方面,即:职业特定能力、职业通用能力和职业核心能力。

职业特定能力是指从事某种具体的职业、工种或岗位,所需对应的技能要求,主要用于学生求职时所需的一技之长。职业通用能力是一组特征和属性相同或者相近的职业群(行业)所体现出来的共性技能,主要用于积淀学生在某一行业未来发展的潜力。职业核心能力是适用于各种岗位、职业、行业,在人的职业生涯乃至日常生活中都必须具备的基本能力,是伴随人终身成长的可持续发展能力,主要用于提升学生职业发展的迁移能力。

亚马逊贝索斯经常被问到一个问题:"未来十年,会有什么样的变化?"但贝索斯很少被问到"未来十年,什么是不变的?"贝索斯认为第二个问题比第一个问题更重要,因为你需要将你的战略建立在不变的事物上。

随着知识经济时代的发展,职业结构也发生相应的变化,社会财富创造的动力正由依靠体力劳动向依靠体力和脑力劳动相结合的方向转变,随着生产技术的进步,处于职业结构金字塔底端的非技术工人和中间的半技术工人的比例将严重下降,而最受欢迎的将是具备多方面能力和广泛适应性的高素质技术人员。调查显示,企业最关注的学生素养因素排名前十位依次为:工作兴趣和积极性、责任心、职业道德、承担困难和努力工作、自我激励、诚实守信、主动、奉献、守法、创造性。这些核

心素养比一般人所看重的专业技能更为重要，是一个企业长足发展的内在不竭动力。

因此，职业教育中必须有"核心素养"的一席之地，来帮助传递关键能力，如应对不确定性、适应性、创造力、对话、尊重、自信、情商、责任感和系统思维。

为此，昆山登云科技职业学院在广泛调研和借鉴国内外高职教育的经验基础上，在校级层面开设四类职业核心能力课程：专业能力类、方法能力类、社会能力类、生活能力类。

◆ 专业能力

1. 统计大数据与生活

在终极的分析中，一切知识都是历史；我们现在拥有的知识都是对过去发现的事物的归纳总结以及衍生；在抽象的意义下，一切科学都是数学：所有的知识都可以归纳为对数学的推理和运算。在大数据时代下，一切都离不开数据，而所有数据都离不开统计学，在统计学作用下，大数据才能发挥出巨大威力，具有实实在在的说服力。

2. 用 Python 玩转数据

数据蕴涵价值。大数据时代，选择合适的工具进行数据分析与数据挖掘显得尤为重要。Python 语言简洁、功能强大，使得各类人员都能快速学习与应用。同时，其开源性为解决实际问题和开发提供强大支持。Python 俘获了大批的粉丝，成为数据分析与挖掘领域首选工具。

3. 向阳而生，心花自开——大学生心理健康教育

保罗·瓦勒里说：心理学的目的是让我们对自以为了然于胸的事情，有截然不同的见解。拥有"心理学"这双眼睛，才能得到小至亲密关系、大到人生意义的终极答案。进入心理学的世界，让你看见自己，读懂他人，建立积极的社会关系，活出丰盈蓬勃的人生。

4. 审美：慧眼洞见美好

吴冠中说："现在的文盲不多了，但美盲很多。"木心说："没有审美

力是绝症，知识也解救不了。"现在很多人缺乏的不是物质，也不是文化，而是审美。没有恰当的审美，生活暴露出最务实、最粗俗的一面，越来越追求实用化的背后，生活越来越无趣、越来越枯萎。审美力是对生活世界的深入感觉，俗话说：世界上不乏美的事物，只缺乏那双洞察一切美的眼睛。一个人审美水平的高低，在一定程度上决定了他竞争力水平，因为审美不仅代表着整体思维，也代表着细节思维。

◆ 方法能力

5. 成为 Office 专家

学习 Office，学到的不只是 Office。职场办公，需要的不仅是技能，更需要解决问题的能力。会，只是基础；用，才是乐趣。成为 Office 专家，通过研究和解决所遇到的 Office 问题，体会协作成功之乐趣。

6. 信息素养：吾将上下而求索

会搜索是一种解决问题的能力。快速、便捷地搜索全网海量信息资源，最新、最好看的电影、爱豆视频任你选；学霸养成路上的"垫脚石"，论文、笔记、大纲、前人经验大放送；购物小技能，淘宝、京东不多花你一分钱；人脉搜索的凶猛大招，优秀校友、企业精英、电竞大神带你飞；还可以来一次说走就走的旅行，等等。让我们成为一名智慧信息的使用者。

7. Learning How to Learn 学会如何学习：从认知自我到高效学习

学会如何学习是终极生存技能。为什么学？学什么？如何学？一直是学习者关注的话题。掌握正确的学习方法，是改变学习效果的关键，也是改变人生的关键。只要找到了适合自己的学习方法，学习就会变得有意思，你也会变得更有自信，你的世界也会变得更加多元……

8. 思维力训练：用框架解决问题

你能解决多高难度的问题，决定了你值多少钱。思维能力强大的人，能够随时从众人当中脱颖而出，从而源源不断地为自己创造机会。这是一套教你如何用"思维框架"快速提升能力，有套路地解决问题的课程。

- ◆ 社会能力

9. 职场礼仪

我国素享"礼仪之邦"的美誉,礼仪文化源远流长、博大精深。"礼"表达的是敬人的美意,"仪"是这种美意的外显,礼仪乃是"律己之规"与"敬人之道"的和谐统一。礼仪是社交之门的"金钥匙",是人际交往的"润滑剂",是事业成功的"法宝"。不学礼,无以立。

10. 成功走向职场——大学生的 24 项修炼

通过技能示范、角色扮演、大组和小组讨论、教学游戏、个人总结等体验式教学法,帮助青年人加强个人能力,如沟通、自信、决策和目标设定;帮助青年人发现并分析自己关于一些人生常见话题的价值观;帮助青年人形成良好的自我与社会定位,能够用符合社会认知并且理性的方式解决问题和冲突;帮助青年人构建学以致用的职场技能,提高青年的学习生活与工作效率,让自己更加接近成功。

- ◆ 生活能力

11. 昆曲艺术

昆曲,又名昆山腔、昆剧,是"百戏之祖",属于"阳春白雪"的高雅艺术。昆曲诞生于元末江苏昆山千墩,盛行于明清年间,迄今已有 600 多年历史。昆曲是集文学、历史、音乐、舞蹈、美学等于一体的综合艺术。2001 年,昆曲被联合国教科文组织授予"人类口述和非物质遗产代表作"称号。

12. 投资与理财

投资理财并不只能帮助我们达到某个财务目标,它还可以帮助我们建立一种未来感,让我们把目光放得更长远,实现人生目标。本课程通过介绍投资理财的基础理论知识来武装大脑,通过介绍常见的投资理财工具来铸就投资理财利器。"内服"+"外用",更好地弥补你和"钱"的鸿沟。

13. 大学生就业指导与创业

当你对自己的梦想产生怀疑时，生涯规划会为你点亮通往梦想的那盏明灯；当你带着梦想飞翔到陌生的职业世界，却不知如何选择职业时，科学的探索方法将成为你职业发展道路上的"魔杖"；当你在求职路上迷茫时，就业指导带给你一份新的求职心经，陪伴你在求职路上"升级打怪"；当你的目光投向创业却不知什么是创业、如何创业时，我们将为你递上一张创业名片。让我们沿着规划，一路向前，走上属于自己的职业发展之路。

14. 学生全程关怀手册

不论是课业疑惑、住宿问题、情感困扰、生活协助或就业压力，我们提供最周详的辅导、服务资讯，协助同学快速解决各类困难与疑惑。

丛书以成果导向为指导理念编写，力求将可迁移的通用能力分解为具体可操作实现的一个个阶段学习目标，相信在这些学习目标的引导下，学习者将构建形成适应当前社会经济发展需要的职业核心能力。

前　言

群籁虽参差，适我无非新。

——王羲之

《沧桑之变》——吴冠中 1999 年作

不管我们处于何种境地，有怎样的遭遇，都不必悲观消极，妄自菲薄，要相信自己是唯一的，是别人无法取代的，要活出独特的风采。

天下万物，五彩斑斓，都是世界的一部分，似乎没有什么稀奇的，但是，如果要"适我"，即让我们感到愉快、感到由衷的快活，那么无非就是"新"，即在有限的事物里感知新的世界和新的灵魂。

造化之神奇使天地万物各不相同，有辽阔的蓝天，有清澈的溪水，

只要与我们的心境契合,便新鲜动人,然而每一种事物都有其独特的魅力,是其他事物不能取代的。如溪水,虽然没有蓝天那般广阔,但它的可爱与生机亦是蓝天无法比拟的。

  本书以王羲之的诗句开篇,引出审美态度和审美精神,希望大家读完此书后,审美水平方面能有所提高。

编　者

目 录

第一章　美与审美 ... 1

第一节　美与审美简介 ... 2

第二节　美的特点 ... 3
一、时代性 ... 4
二、民族性 ... 5
三、主观性 ... 6
四、形象性 ... 7
五、情感性 ... 8
六、非功利性 ... 9

第三节　美的表现及分类 ... 9
一、美的表现 ... 9
二、美的分类 ... 13

第四节　审美与职业素养 ... 15
一、总目标 ... 15
二、职业院校审美素质培养分类目标 ... 15

第五节　美育的价值 ………………………………………… 16

第二章　人美 ………………………………………………… 17

第一节　体貌美 ……………………………………………… 18
一、形体语言 ……………………………………………… 18
二、造型 …………………………………………………… 25
三、妆容修饰与日常化妆法 ……………………………… 28

第二节　服饰美 ……………………………………………… 38
一、寻求个人风格 ………………………………………… 38
二、服饰搭配与着装技巧 ………………………………… 38
三、配饰在整体造型中的作用 …………………………… 46

第三节　气质美 ……………………………………………… 50
一、气质美的体现 ………………………………………… 50
二、修炼气质美 …………………………………………… 53

第四节　人格美 ……………………………………………… 58
一、德行 …………………………………………………… 59
二、言语 …………………………………………………… 61
三、智慧 …………………………………………………… 62
四、傲骨 …………………………………………………… 63
五、雅量 …………………………………………………… 64
六、风神 …………………………………………………… 68

第五节　人际关系美 ………………………………………… 73
一、人性美 ………………………………………………… 74
二、人情美 ………………………………………………… 76

第三章　生活美 79

第一节　器皿美 80
一、陶器 80
二、青铜器 84
三、玉石器 86
四、瓷器 88
五、珐琅器 91
六、玻璃器皿 94
七、木器皿 96
八、金属器皿 98
九、塑料器皿 100
十、现代可食用餐具 101

第二节　饮食美 102
一、食之美 102
二、饮之美 105

第三节　自然美 116
一、自然美的概念与内涵 116
二、自然美的基本特征 116
三、自然美的代表之美 120

第四节　技术美 125
一、技术美和技术美学的关系 125
二、技术美的内涵 128

第五节　适用美 131
一、适用美的定义 131

二、适用美的美学本质 … 132

三、适用美的日常体现 … 132

四、具有适用美的产品 … 133

第四章 艺术美 137

第一节 音乐美 138

一、音乐的概述 … 138

二、音乐的发展简史 … 141

三、经典音乐名人名作鉴赏 … 143

第二节 舞蹈美 148

一、舞蹈的起源 … 149

二、舞蹈的种类 … 149

三、艺术特性 … 161

四、审美特征 … 163

五、表现手段 … 164

第三节 雕塑美 164

一、雕塑的概述 … 164

二、雕塑的分类及功能 … 165

三、中西方著名雕塑鉴赏 … 168

第四节 书画美 178

一、绘画美 … 178

二、书法美 … 188

第五节 建筑美 196

一、建筑美的含义 … 196

二、建筑美的形式 … 198

三、建筑的美学特征 … 202

四、建筑的审美价值 ……………………………………… 206

第六节　摄影美 ………………………………………………… 208

　　一、摄影的含义 …………………………………………… 208

　　二、摄影元素 ……………………………………………… 210

　　三、摄影的分类 …………………………………………… 216

　　四、摄影艺术的审美特征 ………………………………… 218

　　五、摄影作品中的美学体现 ……………………………… 219

　　六、摄影作品中形式美的规律 …………………………… 226

第五章　美学意境 ………………………………………………… 229

　第一节　意境的意义 …………………………………………… 230

　第二节　意境的结构特征 ……………………………………… 232

　第三节　意境与山水 …………………………………………… 232

　第四节　唯美意境 ……………………………………………… 235

　第五节　禅境的表现 …………………………………………… 239

参考文献 …………………………………………………………… 242

第一章　美与审美

　　景美悦目，声美悦耳，味美悦口，文美悦情，情美悦心……世间万物，只要具备了美的属性，就能使人触之而产生积极的情感反应，从而为人所喜爱。身边美的事物随处可见，美与审美之间只差一双善于发现的眼睛与一颗善于感受的心。

第一节　美与审美简介

　　著名画家、美术教育家吴冠中先生说："今天中国的文盲不多了，但美盲很多。"现在很多人穷，穷的不是物质，也不是文化，而是审美，没有恰当的审美，生活将变得粗俗不堪，无聊至极。木心也说："没有审美力是绝症，知识也救不了。"吴冠中在《吴冠中谈美》一书中讲到："德育不能代替美育，美育却影响着德育。人民审美力的提高主要靠艺术品的熏陶。熏陶，是经常性的潜移默化，非速成班所能奏效。"在新时代，美与审美尤为重要。

　　人们对任何一种事物都可以有几种看法。你说一件事物是美的或是丑的，这也只是个人的一种看法。换一种看法，你可以说它是真的或是假的；再换一种看法，你还可以说它是善的或是恶的。对同一件事物的看法有多种，因此人们所看到的现象也就有多种。如一颗古松（图1-1-1），你从正面看，我从侧面看；你以幼年人的心境去看，而我以中年人的心境去看。这些情境和年龄的差异都能影响我们所看到的古松的面目。这是由于知觉不完全是客观的，每个人所见到的事物的形象都是带有几分主观色彩的。假如你是一位木商，另一位朋友是植物学家，而我是一位画家，三人同时来看这棵古松，那么木商所看到的是古松作为木料值多少钱，怎么去砍它、运它、卖它，宜架屋还是制器；植物学家所看到的是一棵叶为针状、果为球状、四季常青的显花植物，该归类到某类某科中，注意的是它与其他松树的区别；而我作为画家，什么事都不管，只管审美，只会聚精会神地观赏它苍翠的颜色，盘曲如蛇的线纹以及昂然高举、不受屈挠的气概。这棵古松并不是一件固定的物品，其形象随观者的性格和情趣而变化。每个人所见到的古松的形象都是自己性格和情趣的返照。极平常的知觉都带有几分创造性；极客观的东西中都有几分主观的成分。

素材一

图 1-1-1　古松

美也是如此。有审美的眼睛才能看到美，有审美的心才能感受美。这棵古松对于具有艺术知觉的朋友来说是美的，因为这类朋友去看它的时候就抱有欣赏美的态度。如果你也想看到它的美、感受它的美，那么需要把木商的实用态度丢开，把植物学家的科学态度丢开，专持欣赏美的态度去看它、感受它。

如果读过本书后，我们看到一首诗、一幅画、一片自然风光，听到一段音乐时，比以前感受到了更浓厚的趣味，懂得了什么样的事物才是具有美感的，然后再以欣赏美的态度去感受人生世相，那么心愿就算达成了。

第二节　美的特点

素材二

美是事物的属性，事物无处不在，美也随处可见。18 世纪的"美学之父"鲍姆嘉通将美学定位于感性认识，也就是感官的感受、想象和联想。黑格尔提出"美是理念的感性显现"的观点，说明美一定是以人为主体,承载着理念的感性形象呈现于人的感官之前,成为人的感觉对象,由于其具有审美的意义,因此才构成现实的美。在同一文化背景下,人们的审美观具有高度的趋同性,为生活美、艺术美和技术美等美的创造确立了约定俗成的标准。概括起来讲,美的特点主要表现在以下几个方面。

一、时代性

美是时代的产物,是一种文化。我们不仅要有时代的眼光,而且审美也要紧跟时代。秋风扫落叶,落叶必清扫。在以往这是一个常识,但随着时代的发展,人们的审美观也在不断改变,秋日落叶扫与不扫的问题引起了社会各界的广泛关注与讨论。秋日的落叶色彩艳丽,以其独特的魅力让人陶醉,尤其是银杏树、黄栌树、枫类和栎树等秋色叶树种,叶色温暖而明艳。阳光下回廊上的落叶美景如图1-2-1所示。银杏树林中的落叶美景如图1-2-2所示。

图1-2-1　阳光下回廊上的落叶美景

图1-2-2　银杏树林中的落叶美景

从2013年起,上海徐汇区余庆路和武康路就尝试不扫除部分道路的落叶,没想到反而打造出一条条落叶景观道路,成为上海独特的风景。2017年,北京市园林绿化局下发了《关于暂时保留秋冬落叶景观的通知》,要求园林绿地卫生工作主要以捡拾白色垃圾、枯枝干枝为主,园林绿地中的落叶暂时不清扫,最大限度地为市民提供观赏秋冬落叶景观的空间。有媒体评论称,该通知充满了城市的温度,"留叶、留秋、留美景"体现了城市管理的温情。网友表示,秋天如果没有落叶那还是秋天吗？我们要的美好生活，不是所谓的形式上的"被美好"。

纷纷飘落的树叶宛如飞旋的蝴蝶，看得人不免有些心动。树叶从生命的枝桠上萌发出来，抽芽、舒展、枯萎、落下。这是一个过程，也是一辈子的光景。秋去冬来，正如人生历程，尽管美好的往昔已经是过去式，但依然令人回味无穷，难以忘怀。满地的落叶，就像写满了字的日记本，记录着年复一年的光景，南京市明孝陵石像路落叶美景如图1-2-3所示。每到深秋，西安的古观音禅寺中，一棵千年银杏树（图1-2-4）簌簌地落下叶子，春去秋来，落叶不扫，厚厚地铺满房顶和大地，华美凄然，惊艳全国。林清玄说："所有的缺憾，都是另一种成全。"

图1-2-3　南京市明孝陵石像路落叶美景

图1-2-4　西安古观音禅寺千年银杏树落叶美景

二、民族性

美是一个民族心理结构的体现，我们的审美观应具有民族性。

那彩陶旋涡尖底瓶（图1-2-5），那古色古香的青铜器（图1-2-6），那琳琅满目的汉代工艺品，那秀骨清像的北朝雕塑（图1-2-7），那笔走龙蛇的晋唐书法（图1-2-8），那道不尽、说不完的宋元山水画（图1-2-9）。另外，还有屈原、陶潜、李白、杜甫、曹雪芹等诗人和作家的想象画像，它们展示的不正是可以使你直接感触到这个文明古国心灵的历史吗？时代精神的火花在这里凝练并积淀下来，传留和感染着人们的思想、情感和观念，

图1-2-5　彩陶旋涡纹尖底瓶

经常使人留连不舍。我们在这里所要匆匆迈步走过的，便是这样一个美的历程。

图1-2-6 毛公鼎（藏于台北故宫博物院）

图1-2-7 云冈石窟

图1-2-8 王羲之《兰亭序》

图1-2-9 黄公望《富春山居图》

三、主观性

美是有主观性的，我们应注重我们审美的创造性。"情人眼里出西施"（图1-2-10）很好地诠释了美的主观性。美的欣赏极似"柏拉图式的恋爱"——你在初尝恋爱的滋味时,寻常血肉做的女子变成你的仙子;你所想象的女子的美点她都应有尽有。这个时候,你眼中的她也不再是她自己本身,而是经你理想化后的变形。你先在脑海中想象出一个尽美尽善的女子,然后再把这个形象映射到你爱人的身上,所以你的爱人不过是你寄托想象的躯骸,你觉得她无瑕可指。恋爱中的对象是已经被艺术加工过的自然。

图1-2-10 "情人眼里出西施"

美的欣赏也是如此,主观创造性地加工可以把自然艺术化。所谓艺术化就是人情化和理想化。

四、形象性

美不是抽象的说教与概念,应体现在直观形象上,因此我们应注重自身形象。个人的形象管理体现的是你的自律和对自己的高标准要求。个人形象有多重要?柏克莱大学心理学教授艾伯特·马伯蓝比对人们的这种旁观感受做了长达10年的研究后,得出"7∶38∶55定律"。其含义是你对一个人的印象,7%取决于说话的内容,38%取决于辅助表达这些话的方法(如你说话的语气和语调),而却有高达55%取决于外表。特别是在这个浮躁的社会,很少有人有耐心通过邋遢的外表发现你有趣的灵魂。良好的个人形象是无形的名片,如果形象管理做得好,那么个人能力也会更强(图1-2-11和图1-2-12)。我们从小受到的教育都是

"你不用注重外表""你不要花那么多时间打自己,学习更重要",几乎没有人告诉我们应该怎么打扮自己,而走上社会扮后你才发现形象管理做得好的人,通常自我管理能力比较强。强大的自我管理能力给人带来的不仅是气质,而且还有信心和追求美好生活的热情。

图1-2-11 女生形象管理前后对比

图1-2-12 男生形象管理前后对比

五、情感性

美是按照情感的逻辑来创造的,与科学和功利不尽相同;而人则应该是有情感的人,情感是生生不息的。诗人和艺术家都有"设身处地"和"体物入微"的本领,在描写一个人时,他们就要钻进那个人的心里,霎时间变成那个人,亲身感受他的生命,领略他的情感,所以在读他们的作品时,我们能够感同身受。在这种心灵感通中我们可以看到宇宙生命之间的联系。汉乐府《江南》:"江南可采莲,莲叶何田田。鱼戏莲叶间。鱼戏莲叶东,鱼戏莲叶西,鱼戏莲叶南,鱼戏莲叶北。"单看起来,每句都无特色,但合起来看,全篇却是一幅极美的意境图,鱼戏莲叶如图1-2-13所示。如果没有每句情境的描写,那么全诗就没有意境。因为有情感的综合,所以原来看似散漫的意象可以变得不散漫。凡是欣赏或创造文艺作品,都要先留意总印象,不可抛开总印

图1-2-13 鱼戏莲叶

象而细论枝节。

六、非功利性

非功利的超越性是美的前提之一，我们应该具备一定的超越性。美感的态度丝毫不带有占有欲，一朵花无论是盛开在花园里或是插在花瓶里，只要你能欣赏，它都是美的。老子说的："为而不恃，功成而弗居也"，可以说是对美感态度的定义。古董商和书画收藏家大半都是抱有奇货可居的态度，很少有能真正欣赏艺术的。

第三节　美的表现及分类

素材三

现实生活中，到处都有美的存在，只是我们感受的途径和方式不同，有的是看到的，有的是听到的，有的是品尝到的，有的是触摸到的，还有的是通过想象和联想体会到的，等等。美的表现形式不同，人们欣赏美的方式和方法不同，获得的审美体验也各有不同。

一、美的表现

美是事物的属性，对于事物的存在形式具有依赖性和从属性，因此，美的表现形式一般与其所依附的事物属性相一致。概括起来讲，美的表现形式主要有以下几种。

1. 视觉形象

视觉形象是美的主要表现形式，不论是自然美、生活美，还是艺术美、技术美，大多都表现为视觉形象。如今，人们步入多元化的视觉时代，信息一般都来自视觉传播。例如，艺术美中的绘画美和雕塑美都是以视觉形象表现出来的。

荷叶田田，亭亭玉立，碧叶红莲，艳光照人，风雨残荷，线面交错……不到一个整年，荷塘里展现了生命自始至终的全过程，是人世沧桑的缩影。轻盈与滞重，欢乐与悲壮，各具独特之美。这是通过《荷塘春秋》的视觉形象直接表现出来的。吴冠中的油画《荷塘春秋》（图1-3-1）展现的不仅是荷叶的生命历程，还有人的精神的生生死死，是无奈、是挣扎、是傲视、是长歌当哭。这是在视觉形象的触发下通过人们的想象和联想感悟出来的。

图1-3-1 吴冠中的油画《荷塘春秋》（藏于中华艺术宫）

2. 真实情境

真实情境是自然美和生活美的一种主要表现形式。生活不止眼前的荷且，还有诗和远方。微风吹来，会使人产生返璞归真、如入梦境的感觉。祁连山下有一片水草丰美的草原，那就是夏日塔拉（图1-3-2），夏日塔拉是一片四季分明、风调雨顺的草原。伊犁河谷（图1-3-3）拥有新疆最美的春天。从河谷到山峦，从平原到草甸，大片大片的杏花追随着阳光，将一团团粉色的花蕾铺满新绿的原野和村庄。扑面而来的花香，让无法想象的视觉之美顷刻间钻进你的心里，野生杏林催生的烂漫让人无法抵挡。而每年杏树花开之时，也就到了河谷最美的时节，或粉或红或白的花瓣随风起舞，又簌簌洒落于绿色草甸上，漫山遍野，皆为此景，就算只是想象一下，也能感受到那份浪漫和唯美。这是对自然美的真实情境的感受。

图1-3-2 祁连山下水草丰美的草原——夏日塔拉

图1-3-3 伊犁河谷

没有什么比阖家幸福团聚、相濡以沫几十年（图1-3-4和图1-3-5）更能体现生活之美。

图1-3-4 家家户户贺团圆

图1-3-5 结婚典礼

3. 文化意象

在中国古典诗词中，意象的内涵十分丰富，是中国文化的起源点。如关于月亮（图1-3-6）的文化意象：对月思亲——引发离愁别绪、思乡之愁的"举头望明月，低头思故乡"（李白《静夜思》）；又如"小楼昨夜又东风，故国不堪回首月明中"（李煜《虞美人》）表达出望月思故国，身为亡国之君特有的伤痛；亦如"碛里征人三十万，一时回首月中看"，茫茫大漠中，几十万战士一时间都抬头望着东升的月亮，抑制不住悲苦的思乡之情。中国传统文化里，琴不仅可以表现人的艺术修养，往往还被提升到人的道德修养和文化修养层次。琴与文人有不解之缘，文人也常常将琴融入诗中，以传达自己的情感。以琴衬托清静孤独意境的诗句很多，如"清琴各自怜孤倚，停云总成消黯。"——《徵招》；以琴寄托对知音好友的思忆和惦念，如"仿佛停琴伫月时，一帘疏雨更天涯。"——《减字浣溪沙·期沤尹定词不至》。琴（图1-3-7）是夫妻情笃和谐的象征，如"琴瑟在御，莫不静好。"——《女曰鸡鸣》；也是人生理想志趣的寄托，如"松风吹解带，山月照弹琴。"——《酬张少府》。

图1-3-6 明月

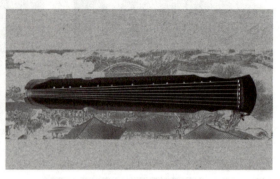
图1-3-7 古琴

文化意象是一种独特的文学现象，也是精神美的主要表现。它以意象为载体，赋予意象丰富的文化内涵，唤起读者特殊的审美感受，以达到更好的文学效果。

4. 感官知觉

感官知觉包含视觉、听觉、嗅觉、触觉和味觉。绚美的风景、优美的歌声、醇美的酒香、细腻的碧玉以及肥美的鲑鱼，都是从感官知觉上来描绘舒适之美和香甜之美的。昆山阳澄湖大闸蟹（图1-3-8）的鲜美和无锡阳山水蜜桃（图1-3-9）的甜美之所以闻名天下，是因为以往的感官知觉在人们大脑中留下了印象。当这些形象再次出现时，人们以往的记忆性美感就被唤起了。

图1-3-8 昆山阳澄湖大闸蟹

图1-3-9 无锡阳山水蜜桃

5. 心理感受

亲情美、友情美、爱情美和心灵美都是以心理感受的形式存在的。人们既可以在各种人际关系中真切体会到，也可以通过文学和文艺作品以及现实情景感受到。人们在听周华健演唱的《朋友》和刘德华演唱的《中国人》时，都能获得真切的情感体验，感受到友情和强烈的爱国之情。

二、美的分类

美没有主体性，只有从属性。按照所依附的事物的性质，美主要分为三大类：人美、生活美和艺术美。

1. 人美

人美不仅表现在体貌美和服饰美上，更表现在气质美、人格美和人际关系美上。这就是我们平时所说的外在美和内在美。外在美是指人的静态物质的形象外观，是人的五官、身材、肤色和穿着等外在形象的具体体现。内在美是指人的内在精神世界的美，是人的思想、品德、情操和性格等心理文化素质的具体体现。

外在美可以养眼，内在美可以养心。托尔斯泰说："人并不是因为美丽才可爱，而是因为可爱才美丽。"契诃夫说："人的一切都应该是美丽的，面貌、衣裳、心灵、思想。"居里夫人说："17岁时你不漂亮，可以怪罪于母亲没有遗传好的容貌，但是30岁了依然不漂亮，就只能责怪自己，因为在那么漫长的日子里，你没有往生命里注入新的东西。"多读书，丰富自己的业余生活，使自己不会太庸俗。做一个会欣赏周围一切的人，多鼓励自己，赞美他人。最重要的是要自信，自信的人最美。

2. 生活美

生活美是指人们为了满足生活的需要，通过劳动创造的一切事物中

所表现出来的美。生活里有喜有悲，有欢声也有泪水。让生活充满色彩、充满欢乐、是我们的责任，也是我们的本能。简单是一种选择，不简单是一种能力，能够简单而又不简单地生活是一种坚定。静夜，独坐，泡一杯淡淡的清茶，听一曲柔和的音乐，任思绪从喧嚣和繁杂中走出，简单的生活也能过得唯美。社会与文化的变迁以及民众对于美好生活的追求，构成了生活美学得以兴起的历史背景。我们所追求的美好生活应该包括两个维度：一个是"好生活"，另一个则是"美生活"。审美与生活不即不离，有一种既不接近亦不疏远的关联。由古至今的中国人，皆善于从生活的各个层级中发现生活之美，去享受生活之乐。国人的生活智慧，就在于将"过生活"过成了"享有生活"。东方生活之美学是感性之智，是对幸福的追求，并致力于让人们的生活过得美好。

3. 艺术美

所谓艺术美，是指艺术作品的美，是人类审美的主要对象，是艺术家将生活的审美感情和审美理想与生活美丑特性在优美艺术形象中的结合。艺术美是对艺术品审美属性的概括。艺术美的种类繁多，存在于一切种类和样式的艺术作品中。造型艺术，如工艺美术、建筑、雕塑和绘画；表演艺术，如音乐和舞蹈；综合艺术，如戏剧、电影和电视剧；语言艺术如文学等，都是艺术美存在的具体形式。艺术美是一种反映形态的美，来源于客观的现实生活，但不等于生活。它是艺术家创造性劳动的产物。生活中的"丑"经过艺术家正确的审美评价与典型概括，化腐朽为神奇，转化为艺术美。生活美反映到艺术中，当没有正确的审美评价而被歪曲时，也不可能产生艺术美。艺术美是艺术家正确的审美意识对生活美丑的正确反映，是理想美的现实存在。与艺术一样，艺术美具有陶冶性情、娱乐身心、认识生活、宣传教育和净化灵魂等作用。艺术美的主要特征是具有形象性、情感性、自由性和人为性。

第四节 审美与职业素养

一、总目标

审美的培养是有目的、有计划、有组织的。美的事物可以促进学生审美欣赏力、审美表现力和审美创造力的发展。职业院校在学生已有的中学审美素质的基础上，结合职业岗位工作需要，进一步培养学生的综合素质，着重培训学生的职业审美能力，使其成为拥有极高审美素质的职业工作者，成为"工作的艺术家"。

二、职业院校审美素质培养分类目标

职业院校审美素质培养分类目标见表1-4-1。

表1-4-1 职业院校审美素质培养分类目标

分类目标	职业审美素质目标
审美感受力	1. 拥有具备审美能力的眼睛和具备审美能力的耳朵，具有在平凡的日常生活与工作中感受和发现美的能力； 2. 能够自觉地在职业技术工作中寻找欢快和愉悦，培养职业审美体验能力
审美鉴别力	1. 具有对工作环境和工作对象分辨优劣雅俗的能力； 2. 能够对职业技术工作中接触到的事物进行美的性质和美的程度的判断与辨析
审美欣赏力	1. 能敏锐地捕捉职业工作中美的因素及其外在形式； 2. 具有领悟和评价工作环境、工作对象和工作成果中美意蕴的能力
审美表现力	1. 具有在职业工作中主动、自觉地表现自己聪明才智和审美倾向的欲望； 2. 具有在创造产品、提供服务等职业工作中表现美的心理需求和实际能力

续表

分类目标	职业审美素质目标
审美创造力	1. 具有丰富的职业创意想象和职业审美创造激情； 2. 能够恰当地创造职业表情、职业形象和职业姿态； 3. 具有创造符合审美要求的产品、作品，提供富有审美效果的服务的能力
审美迁移力	1. 具有将普通审美素质向职业工作审美素质迁移和扩展的能力； 2. 具有将不同职业工作审美之间进行相互迁移和扩展的能力； 3. 具有将审美表现与创造力同智力表现与创造力、道德修养与表现力、身心形象塑造与表现力进行相互迁移与渗透的能力

第五节 美育的价值

对于美育来说，有这样的几个时代变化我们要特别关注。首先，经济审美化的趋势越来越明显：一方面，当代经济发展的价值追求越来越需要满足人民日益增长的情感和审美的精神需求；另一方面，审美、艺术、创意与经济发展之间的关系越来越紧密。作为经济发展主体的劳动者的审美艺术素养，将会在未来社会经济发展中发挥越来越重要的作用。其次，多元化共生，以视觉影像为表征的感性主义文化形态越来越成为当代文化的特征，因而创造具有精神价值引领的当代文化、提高大众的审美文化趣味和培养国民的文化自信变得更为重要。最后，随着科技发展，很多重复性的、可以程序化的人类劳动必将被人工智能取代。人们的生活将更加便捷，人们的创造性和想象力将有更大的发挥空间。

美育的价值在于从根本上引导和促进人们过一种审美化与趣味化并存的生活。

第二章 人美

早在原始社会，人类就已经有了爱美的需求，并且开始追求美（图2-1）。当今社会，人们对外在美和内在美的追求更加强烈，因为人美反映出一个人的精神状态和礼仪素养，是与他人交往中的首要形象，但天生丽质的人毕竟是少数，人们可以通过化妆、着装等后天手段来修饰自己的外表；还可以通过读书、旅行等活动丰富自己的精神世界，沉淀自身的内在。

图2-1 山顶洞人遗址中出土的饰品

第一节 体貌美

素材四

人的体貌形象是人对自身进行视觉艺术上的再造表现，展现了一个人的内在情感与审美情趣。如今，人的外在形象在社会生活中成为影响体貌美的重要因素。外在形象包括仪容和体态等，构成了人的体貌美。其中，最重要的就是体态。

体态是指形体姿态，即我们平时所说的举止，即人的行为、动作和表情等。在日常生活中，站立、坐卧和行走等姿态以及举手投足都影响着一个人的外在形象。另外，体态还能反映出人的内在素养，举止是否得体直接影响一个人在他人眼中印象的好坏，所以体态不仅反映了一个人的外表，也反映了一个人的内在品格和精神气质。

一、形体语言

在社交生活中，人与人之间的印象除了建立在语言上进行的沟通与交流外，形体语言也是有助于良好沟通的重要元素。通过学习形体语言的意义，我们可以了解什么是规范、得体与礼貌，从而对自身的行为举止进行修正和完善，提升自己的社交形象。

形体语言通过姿态、动作、表情、眼神和仪表等传递人的感情。富有美感的形体语言可以帮助人们在与他人交流的过程中散发出个人魅力，以产生美感，吸引他人的注意。

1. 姿态

姿态是形体语言的综合表现，可以影响我们在社交场合中对说话者的态度。形体姿态主要包括站、坐、行等几方面。古人说："站如松，坐如钟，行如风"，即我们现在常说的"站有站相，坐有坐相，走有走姿"。美的姿态应挺而不僵，松而不散，给人舒展大方和充满自信的感觉。

（1）站姿

站立是生活中最基本的体态。男士应"站如松"，刚毅洒脱；女士则应端庄秀美，亭亭玉立（图2-1-1）。

图2-1-1　男女站姿

站立是基本体态，我们应该做到以下几点。

1）头部摆正，双目平视，嘴唇微闭，下颌微收，面容平和自然。

2）双肩自然放松，稍向下沉，胸部提起，人要有向上的感觉。

3）躯干挺直，收腹，立腰。

4）双臂自然下垂于身体两侧，两手自然放松。

5）双腿直立，身体重心落于两脚正中，男士双腿可靠拢［图2-1-2（a）］，也可自然平行分开一定角度［图2-1-2（b）］；女士则应双腿并拢，脚跟相靠［图2-1-2（c）］。

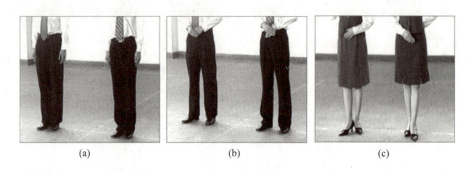

图2-1-2　站姿中手与腿的姿态

（a）"V"型；（b）双脚平行分开不超过肩宽；（c）小"丁"字型

（2）坐姿

坐，作为一种体态，也是形体语言中主要的内容之一，同样有美与丑、优雅与粗俗之分。正确的坐姿不仅能展现出一个人的形体美，还会让人看起来优雅端庄。如果坐姿不正确，那么会让人显得没精神。长时间的错误坐姿，不仅容易引起腰酸背痛，还容易损伤脊椎，压迫神经，影响身体健康。所谓"坐如钟"是指我们的坐相要像钟一样端正。

优雅的坐姿应满足以下几点。

1）入座时要轻、稳、缓。女士穿裙装入座时，应先用手将裙摆稍微收拢一下再入座。

2）神态从容自如，双目平视，嘴唇微闭，微收下颌。

3）双肩平正放松，两臂自然弯曲放在腿上，也可放在椅子或沙发扶手上，以自然得体为宜，掌心向下，女士可将两手叠放在腿上。

4）坐在椅子上，要立腰，挺胸，上身自然挺直。

5）双膝自然并拢，双腿正放或侧放，双脚并拢或交叠。男士两膝间可以稍分开些，以显自然洒脱之美，但不可尽情打开腿脚，否则会显得粗俗和傲慢。女士可两脚同时向左或向右放（图2-1-3）。

图 2-1-3　男女坐姿

6）坐在椅子上时，应至少坐椅子的 2/3，宽座沙发则至少坐 1/2，落座后不要马上靠椅背，坐时间久了后方可轻靠椅背。

（3）走姿

正确的走姿能够展示自身气质与修养。走姿是以站姿为基础的姿态，走路时应从容、平稳，走出直线。走路时双肩平稳，胸部挺起，双臂自然下垂并随着步幅自然摆动。男士应步伐矫健稳重，展现阳刚之美；女士则应步伐轻盈，展现柔美优雅。

走路时应注意以下几点。

1）男士走路时脚步要从容和缓，精神饱满，充满自信，不宜将手插入裤袋中（图 2-1-4）。

图 2-1-4　男士走姿

2）女士走路时应不疾不缓，步伐均匀，优雅从容，身体不要左右晃动，鞋子不要发出太大的声响（图 2-1-5）。

图 2-1-5　女士走姿

2. 动作

动作是形体语言中变化最显著的部分，主要用来表示形象和传达感情。美的动作应该是自然优雅的，动作过多则显得粗鲁。动作最直接的体现就是手势，手势是社交活动中正常交流（图 2-1-6）的重要手段。手势和说话一样，即手舞足蹈和大声喧哗一样都会破坏自身的形象。

图 2-1-6　交流姿态

在社交活动中，要注意动作的区域性差别，由于文化习俗的不同，不同国家和地区的动作和手势的含义也千差万别，而且多余的动作和手势会给人留下装腔作势、缺乏涵养的感觉。有些手势会让人反感，并且严重影响个人形象，例如当众抓头皮、掏耳朵、咬指甲等，所以手势宜少不宜多，并且应尽量做到动作规范利落。

1）在做引导动作时，将右手从腹前横摆到身体的右前方（左手则相反），头部和上身微微向伸出手的一侧倾斜，目视对方，面带微笑，表现出对对方的尊重和欢迎。

2）请对方入座时，手要从身体一侧抬起，再斜摆向下，使大小臂形成斜线。

3）递接物品时，应双手递物于人；不方便双手并用时，也要采用右手，并直接交到对方手中。如果是文字物品，那么应该以文字正面面对对方；如果是将带刃或者尖利的物品递于他人时，那么切勿将刃或者尖利的一面直接指向对方，应使其朝向自己或别处，然后再递给对方。

4）接取物品时，应目视对方，不要只顾注视物品，并且要使用双手或右手接取。必要的时候，应当起身而立，并主动走向对方，待对方递过物品时，再以手前去接取。

社交动作禁忌有指手画脚、双臂环抱、双手抱头、摆弄手指、手舞足蹈。

3. 表情

在形体语言中，表情是最敏感、最直接的，也是变化最快、最能反映出人的内心感受和情绪变化的。在社交生活中，我们可以通过观察对方的表情来感受对方此时的情绪，从而对交流内容做出适当的改变（图2-1-7）。有心理学家计算出这样一个公式：

一个信息的表达＝7%语言＋55%面部表情＋38%声音

美的表情应该是亲切自然和富于变化的。

4. 眼神

眼睛是心灵的窗户，同时也是形体语言中最真实动人、最富有美感的语言。在社交生活中与人交谈时，目光要坦然、亲切、和蔼、有神（图2-1-8）。

图 2-1-7 人物不同表情传递的不同情绪

图 2-1-8 人与人交流时眼神所表达出的情绪

但也要注意避免一些过度的眼神使用。虽然我们常说，与人交谈时要直视对方的眼睛，但是对关系不熟的人则不能长时间凝视，否则会被认为行为是无礼的。除了关系较为亲密的人（如恋人之间的长时间对视），不建议对他人进行长时间凝视。

与人交谈时，目光直视对方眼睛到嘴巴之间的"三角区"，注视时间占交谈时间的30%~60%。这是一种比较礼貌的方式。

另外，眼球的转动不要太快或太慢。若眼球转动过快会给人不诚实、不成熟和轻浮不庄重的感觉；而眼球转动太慢则会给人迟钝、木讷的感觉。

总之，与人交流时，眼神的表现受到文化、性格、性别和背景等多方面的影响，我们尽量遵循正常的眼神交流，做到热情友善、自信坦荡。

5. 仪表

仪表是形体语言的综合反映，是从人的言谈举止中体现出来的，是人们交往中留给他人的第一印象。美的仪表应该体态端庄、精神饱满、彬彬有礼，朴实而不粗俗，文雅而不做作，稳健而不轻浮。

仪表最基本的要求就是干净整洁。勤洗澡、勤洗脸，脖颈和手指应干干净净，注意去除眼口鼻的分泌物，常剪指甲，常理发，勤换衣服，消除身体异味，做到整体洁净清爽。

在对仪表进行修饰时，要与自身的年龄、性别、容貌、体型、气质和职业身份等结合，进行适宜协调的修饰，并且应遵循整体性和适度性的原则，先着眼于整体，再考虑局部的修饰，在修饰程度上把握分寸，自然适度，使自身和修饰风格协调一致，展现整体风采。

二、造型

在现代社会，人们追求美，对美的要求越来越高，因此我们要学会利用先天优势，再加上后天的修饰来掩藏自己形体方面的不足，这就是造型的作用。

从人体轮廓来说，人体的正面轮廓是以脊柱为中心轴形成的对称的双曲线，人体的侧面轮廓是"S"形曲线，女性尤为明显。由于人的生理和心理审美因素，线条本身也具有了审美价值。所以线条在造型中也起到了关键性的作用。例如，直线给人以挺拔壮美之感，而曲线则给人柔美优雅的感觉。

著名的断臂维纳斯［图2-1-9（a）］是女性曲线美的代表，完美的比例和丰富的曲线都是爱与美的象征，而米开朗基罗的大卫［图2-1-9（b）］

则是男性阳刚美的代表。

（a） （b）

图 2-1-9 曲线美和直线美

（a）维纳斯；（b）大卫

但也必须注意到，人体的直线和曲线是相对的，并不能一概而论地认为男性形体就是直线，女性形体就是曲线，而体型上的曲直也不会随着年龄或胖瘦而改变。不能因为人比较胖就判断为曲线型，也不能因为人比较瘦就判断为直线型，曲直的区分主要以骨骼为主。这个理论除了适用于身体线条的曲直判断之外，还适用于面部轮廓的曲直判断。

直线型、曲线型、中间型面部轮廓如图 2-1-10 所示。直线型面部轮廓的骨骼比较突出，五官立体，给人中性硬朗的感觉；曲线型面部轮廓的骨骼柔和，五官圆润，给人温柔的感觉。除此之外，还有中间型的面部轮廓。

总体而言，面部线条偏直线感的人，在选择发型和服饰时，靠近脸部的线条要偏直线，以简洁为主；而面部线条偏曲线的人在选择发型和服饰时，靠近脸部的线条要偏曲线，以柔美为主。这样才能使面部线条和服装线条相吻合，形成视觉上的和谐之美。

图 2-1-10　直线型、曲线型、中间型面部轮廓

在人体的体型归纳上，骨骼的长短决定了人的高矮；肌肉和脂肪的多少则决定了人的胖瘦。依据骨骼、肌肉和脂肪三大要素，可以将体型大致分为 X 型、A 型、Y 型、H 型和 O 型（图 2-1-11）。

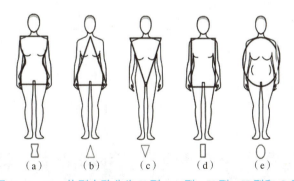

图 2-1-11　体型大致分为 X 型、A 型、Y 型、H 型和 O 型

(a) X 型；(b) A 型；(c) Y 型；(d) H 型；(e) O 型

这几类体型有各自的特点，可以依据其特点来对照一下自己属于哪种类型。

X 型：胸部与臀部丰满，腰部较细，呈对称的"S"型曲线；身材完美，穿什么都合适。

A 型：肩窄、腰细、臀宽，上半身相对较瘦；穿衣时应弱化臀部及大腿曲线，选择下摆较大的裙装。

Y 型：与 A 型相反，上半身较宽，肩宽突出，胸部丰满，臀窄腿细；穿衣重点应集中在腰部及腰部以下，简化上半身的衣着。

H 型：上半身与下半身一样宽，腰线不明显，缺少曲线变化；着装应重点突出腰线，上半身的衣着可以选择收腰的款式。

O 型：腰围大于胸围、臀围，大量脂肪聚集在腹部；这类身材需要隐藏腰腹部的赘肉，上半身的衣着应尽量选择宽松款，下半身应选择紧身裤子。这样会比较显瘦，忌讳选择紧身连衣裙。

更多关于服装搭配的方法，我们会在第二章第二节服饰美中介绍，此处不再赘述。

三、妆容修饰与日常化妆法

化妆是一种熟能生巧的技艺，是指通过某种装扮修饰外貌的一种表现。自古以来，人们都在追求美，古人云："虽资自然色，谁能弃薄妆"。可见，再美的人也离不开化妆。

化妆可以美化容貌、增强自信，也可以利用化妆造成的视觉错觉来弥补缺陷（图 2-1-12）。另外，化妆的目的也是保护并美化肌肤，适当的化妆可以防止紫外线等伤害皮肤，还可以修饰脸型及掩饰缺点，凸显优点。在现代社交生活中，适当化妆也是对别人的尊重，是一种最基本的礼貌。

（a）

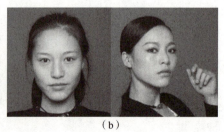
（b）

图 2-1-12 化妆使人精神倍增

生活中，很多人看到一大堆化妆品，就不知该如何选择；也有人认为化妆很难,我们经常会看到身边有人化妆失败的例子。其实化妆最难的并不是技巧,而是对色彩、技巧和形式进行统一,使之和谐。

化妆的原则是要整体、自然、干净、和谐,为了达成以上四点,我们需要了解和掌握化妆的理论和技巧。

首先,我们需要判断肤质与肤色;其次,应该熟悉妆容色彩的搭配原则。

1. 肤质

肤质大体上可分为油性皮肤、干性皮肤、混合性皮肤以及敏感性皮肤。每种类型的皮肤都有不同的护理方式,护理好皮肤才能为后续的妆容打下良好基础。下面我们来看一下不同类型肤质的特点和护理方法。

(1) 油性皮肤

1) 特点:皮肤毛孔粗大,皮脂分泌过多,表面有光泽,不易出现皱纹,但油脂分泌旺盛,容易堵塞毛孔,形成粉刺。

2) 护理重点:做好深层清洁,经常去角质及敷面膜,面膜和爽肤水可以补水及收敛毛孔,使皮肤达到水油平衡的状态。

3) 关键词:控油、补水、保湿。

(2) 干性皮肤

1) 特点:皮脂分泌少,皮肤干燥、白皙、缺少光泽;毛孔细小却容易产生细小皱纹,对外界刺激比较敏感,可分为干性缺水和干性缺油。

2) 护理重点:多做按摩护理,促进血液循环,使用滋润、有活性的修护霜和营养霜,注意补充水分和营养成分,调节水油平衡。

3) 关键词:补水、保湿。

(3) 混合性皮肤

1) 特点:最常见的肤质。通常"T"区较油,容易产生粉刺,毛孔粗大,两颊偏干,会有紧绷感,通常眼睛周围有干纹。这种肤质通常会随季节转换,例如,在夏季会混合偏油,冬季会混合偏干。

2) 护理重点:注意日常防晒,补充水分,保持水油平衡;做好洁面工作,敷面膜,为皮肤补水,增加弹性。应根据季节变化对护肤品进行

选择，秋冬季或油脂分泌较少时，使用含油脂多的护肤品；春夏季或油脂分泌较多时，使用含水量多、含油脂少的护肤品，也可在面部的不同部位使用不同的护肤品。

3）关键词：补水、保湿。

(4) 敏感性皮肤

1）特点：皮肤看上去较薄，有红血丝。皮肤容易泛红，是容易受环境因素、季节变化及护肤品刺激的皮肤。

2）护理重点：注重保湿等基本保养，增加皮肤含水量，加强皮肤的屏障功能和抵抗力，减少外界刺激。

3）关键词：温和、补水。

2. 妆容修饰

化妆，要从正确选择适合自己的化妆品开始。首先，我们需要认清自己的肤色属于什么色系，然后才能有针对性地选择适合自己的化妆品。

关于化妆品，我们经常能听到"冷色调""暖色调"这样的说法，虽然把肤色简单地判定为冷肤色调或暖肤色调是非常困难的，也很难让人去尝试更多风格的彩妆，但无疑，这种方式可以快速地帮助我们找到适合自己的色彩。

那么，怎么样判定自己属于哪种色调的肤色呢？我们可以适当地参考以下方法。

(1) 暖肤色调

暖肤色调是指肤色给人温暖的感觉。这种肤色接近米黄色，皮肤呈现轻微的黄色、金色或桃红色调。与这种温暖的感觉相配的颜色，如棕色的眼影，会给人温柔的印象，与该种肤色堪称绝配；若使用金色珠光色的话，则比银色珠光色更适合。口红也以同样温暖的珊瑚色最为相配。在首饰的选择上，金色的比银色的更衬肤色。

判定方法：暖肤色调（图 2-1-13）的人，手腕内侧血管呈绿色或橄榄色。

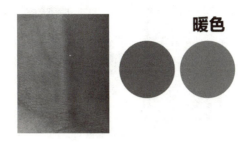

图2-1-13 暖肤色调

（2）冷肤色调

冷肤色调是指肤色看上去是有寒冷感的偏青色肤色。通常，冷肤色调的人给人的感觉都很白。虽然有苍白气息的脸色也归为冷肤色调，但冷肤色调的人的脸色会微微泛出粉色。颜色搭配上，其与银色、灰色和蓝色等冷色系都较为合适，与粉色、紫色等也非常相配。在首饰的选择上，银色比金色更衬肤色。

判定方法：冷肤色调（图2-1-14）的人，手腕内侧血管呈紫色。

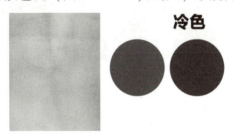

图2-1-14 冷肤色调

（3）自然肤色调

自然肤色调既不属于暖肤色调，也不属于冷肤色调；皮肤既不呈现粉色等冷色，也不呈现黄色等暖色。这种肤色介于冷暖之间。自然肤色调的人无论佩戴银色还是金色首饰都很衬肤色。

判定方法：自然肤色调的人（图2-1-15），手腕内侧血管呈蓝色。

根据肤色判定的结果，我们知道了原来肤色有这些区别，同时也为选择粉底色号提供了依据。

下面我们来看一下，依据皮肤色调该如何选择适合自己的彩妆产品。

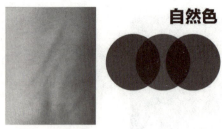

图 2-1-15 自然肤色调

粉底液：主要是让肤色看起来均匀透亮，最好的状态就是与本身皮肤完美契合，营造一种有妆似无妆的效果。这也就让我们知道了粉底液色号并不是越白越好，若粉底液太白，则会使妆容不自然；若粉底液色号太深，则又显得肤色暗沉，所以我们应该选择与自己肤色最为接近的粉底液色号（图 2-1-16）。

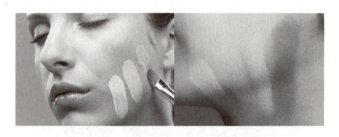

图 2-1-16 不同色号粉底液在皮肤上呈现的效果

口红：根据平衡美学搭配原理中"暖配暖，冷配冷"的原则，暖肤色调的人应选择橙色系的口红，会使皮肤变得温和明亮；而粉色系则会显得肤色较黑。冷肤色调和自然肤色调的人应选择粉色系的口红，会使皮肤看起来粉嫩通透；而橙色系则会显得老气（图 2-1-17）。

腮红：暖肤色调的人，适合琥珀色系和橙色系腮红，如深橙色、砖红色和浆果色等，会使皮肤显得健康有活力；冷肤色调的人肤色较白，所以在选择腮红时，应尽量选择粉色、浅桃色和裸粉色等冷色系腮红，会使肌肤白里透红，凸显气色；自然肤色调的人选择橙红色系和珊瑚色系会提亮肤色，显得柔和细腻（图 2-1-18）。

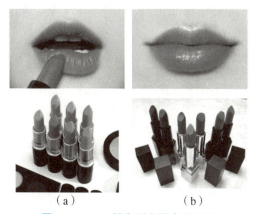

图 2-1-17 橙色系和粉色系口红

(a) 橙色系口红；(b) 粉色系口红

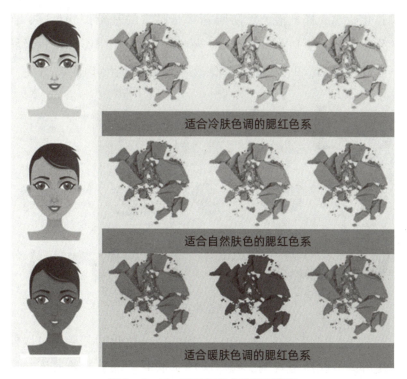

图 2-1-18 不同色调皮肤腮红搭配

同样，在选择眼影时，我们也应该遵循"冷配冷，暖配暖"的原则，使妆容自然和谐。

看到这，可能很多人对区分冷暖色还有点疑问，那么究竟什么样的颜色属于暖色，什么样的颜色属于冷色呢？以下列举几种颜色作为参考，希望可以降低人们购买化妆品失败的概率。当然，这也仅作为参考，最好的办法还是多多试色。

暖色：珊瑚色、橙黄色、橙色、杏黄色、蜜桃色、肉粉色、金色。

冷色：淡粉色、淡紫色、紫色、青色、银色、暗灰色、蓝色、灰色。

3. 日常化妆法

现代人的生活节奏非常快，不可能做到像韩剧里一样花2~3个小时来化妆，所以，我们需要在美化形象和节约时间中间寻找平衡（图2-1-19）。

看到图2-1-19的化妆步骤，可能很多人都望而却步了。其实，洁面、拍打化妆水、搽乳液、涂防晒霜都是日常的基础护肤步骤，而对于后边的化妆步骤，可以做一些省略，例如，高光和阴影，在日常妆容中可以不必着重修饰，下面我们来看一下省略后的化妆步骤。

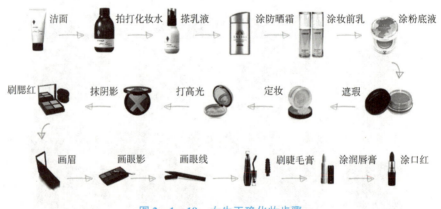

图2-1-19 女生正确化妆步骤

（1）涂粉底液（图2-1-20）：粉底液是化妆的基础，可以使皮肤看上去更细腻，肤色更均匀。做好妆前护肤后，取适量粉底液，用手指或美妆蛋、化妆刷将其均匀地涂抹在额头、鼻梁、颧骨两侧和下巴处，尽量涂得薄厚适中，因为太厚容易显得底妆沉重，造成假面、卡粉等现象的发生；太薄则起不到修饰皮肤的作用。

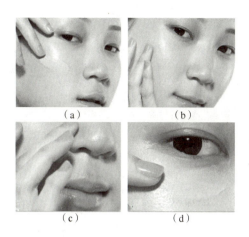

图 2-1-20　涂粉底液

（2）定妆：散粉和粉饼（图 2-1-21）都是在使用完粉底液后的定妆产品，由于其颗粒细腻，因此可以吸附在粉底液上，起到超强的定妆效果，所以不用担心妆面厚重或发生脱妆现象。我们在外出时也便于携带它们来补妆。使用散粉或粉饼时，可以用大刷子蘸取，也可以用绒面粉扑轻轻按压。

图 2-1-21　散粉和粉饼

（3）刷腮红（图 2-1-22）：刷腮红可以提升气色，使皮肤看上去红润自然，妆容生动。刷腮红时应先把腮红刷到颧骨最高处，按从下往上的顺序，从中心均匀地晕开，一般从脸颊两侧扫到太阳穴是最为通用的方法。长脸型的人腮红要尽量呈横线刷，圆脸型的人腮红要呈斜线刷。这样可以修饰脸型。

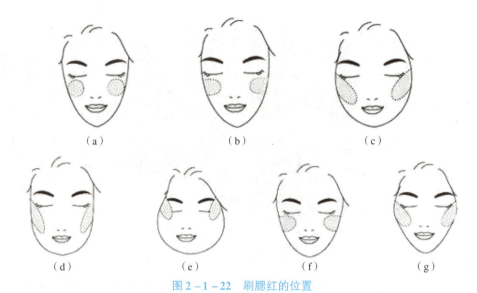

图 2-1-22 刷腮红的位置

(a) 标准脸；(b) 长形脸；(c) 圆形脸；(d) 方形脸；

(e) 正三角形脸；(f) 倒三角形脸；(g) 菱形脸

(4) 画眼影（图 2-1-23）：眼影可以分为哑光和闪光两种。哑光的适合生活妆，闪光的适合舞台妆。眼彩在色彩上以基础色为主，例如，百搭的大地色系眼影。

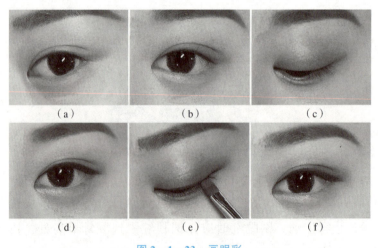

图 2-1-23 画眼彩

(5) 画眼线（图 2-1-24）：画眼线的工具有眼线笔、眼线液、眼线膏等。初学者比较适合用眼线笔，因为其容易控制，不易出界，易于画出自然的线条，适合生活妆使用，缺点是容易晕妆；眼线液对使用者的熟练度要求比较高,画出的线条自然流畅,一气呵成,而且防水、防油的效果好,但眼妆容易显得夸张;眼线膏比较容易控制,上妆效果很好,但容易干,若没有盖好盖子,则会很快干裂。

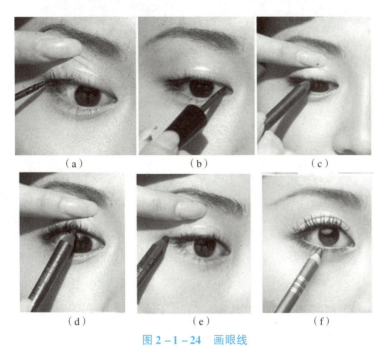

图 2-1-24　画眼线

(6) 刷睫毛膏:刷睫毛膏的目的是拉长睫毛,增加眼睛的立体感。将睫毛膏从睫毛根部向上刷,每刷完一次都要用干净的睫毛刷把睫毛从根部梳开,以免睫毛膏粘连结块。接下来,用同样的方法,在上一次睫毛膏还没有干的情况下,再刷 2~3 次睫毛,使睫毛纤长浓密,起到在视觉上放大眼睛的效果(图 2-1-25)。

图 2-1-25　刷睫毛

(7) 涂口红:用唇刷将口红点在唇中央,再向两边晕开,使嘴唇看上去清润通透。所选的口红颜色要注意和眼影、腮红的色系相一致。例如,咖啡色眼影配橙色腮红和浅橙色口红;紫灰色眼影配桃粉色腮红和浅粉色口红。这也正体现出"暖配暖,冷配冷"的搭配原则(图 2-1-26)。

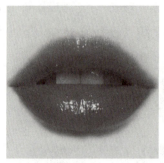

图 2-1-26 口红效果

第二节 服饰美

素材五

一、寻求个人风格

很多人都说找不到自己的风格。其实风格就是自己与生俱来的气质，都是独特的，不需要刻意去模仿，也不必盲目追随潮流，适合自己的就是最好的风格。每个人由于长相、身材和神态等自身元素形成了不同的体型特征，每一种体型特征又带着不同的风格规律，所以和服装的装扮密不可分，我们根据体型等寻找与其相吻合的服饰，使体型与服饰协调，达到美的视觉效果。这就是形成个人风格最简单的方式。

二、服饰搭配与着装技巧

在前面的章节中，我们把人的体型分为 X 型、A 型、Y 型、H 型和 O 型。同样的，我们通过服装的肩、腰、底摆和围度这四个轮廓变化，将服装的廓型也分为 X 型、A 型、V 型、H 型和 O 型（图 2-2-1）。

这里需要注意到体型与服装廓型的关联。服装被称为人的第二层皮肤，而廓型又是服装的根本，人们第一眼注意到的是服装的颜色和廓型，而不是材质和局部细节，所以从某种意义上来说，色彩和廓型决定了一

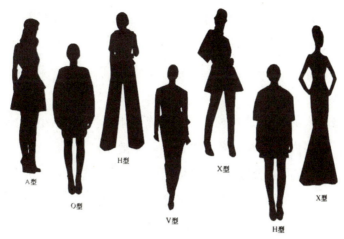

图2-2-1 服装的廓型（图片来源于《形象设计与表达》）

件服装带给人的总体印象。服装廓型在修饰体型和强调风格方面起到了非常重要的作用。

下面来看一下不同廓型的服装所带给人的不同视觉感受。我们也可以以此为参照，选择适合自己体型的服装。

1）X型：特点是肩部和下摆的尺寸大并向外扩张，腰部贴合人体曲线，将女性的曲线感夸张化，虽有强硬的感觉，但也体现了女性的柔美，是经典的服装造型。

2）A型：特点是上小下大，服装在肩、臂、胸部处较为贴合身体，从腰部开始向下张开，形成整体的A型。A型服装造型体现年轻可爱的面貌，并且把整体轮廓由曲线变成斜线，从而增加了长度，所以从视觉上来说，A型的服装有提升高度的作用。

3）V型：特点是服装的肩部大于人本身的肩部尺寸，同时，在下摆处收紧，将女性服装体现出男性化的特征，给人独立、坚强和霸气的感觉。

4）H型：特点是服装从肩部到下摆的宽度大体一致，整体呈直线造型，给人以中性、干练的感觉，所以，H型的服装适合腰部较粗者，能较好地掩饰腰部赘肉。

5）O型：服装整体呈卵型，肩部和下摆收紧，胸部和腰部较宽松，使人看上去较舒服随意。

在搭配方面，根据人的体型、五官、性格和气质分为八种风格，分别是少女型、优雅型、浪漫型、戏剧型、自然型、古典型、时尚型、帅气型。

（1）少女型风格

该风格的人的特点是长相甜美，外轮廓圆润，脸庞小，身型有曲线感、小巧，性格温柔可爱，看上去比实际年龄小。

1）在着装方面适合曲线裁剪的小圆领套装、连衣裙、背带裤、背心裙、短上衣和 A 字裙等。这些都能够衬托出少女型的可爱俏皮形象［图 2-2-2（a）和图 2-2-2（b）］。

（a） （b） （c）

图 2-2-2 少女型风格

(a) 着装1；(b) 着装2；(c) 配饰

2）在颜色搭配方面，可选择色调柔和，色彩轻快明亮、温馨甜美的颜色。

3）配饰［图 2-2-2（c）］选择可爱小巧的蝴蝶结类、花朵类、卡通类和水晶类等饰品，圆头或浅口的带有可爱装饰的皮鞋，带有波点图案或小碎花图案的帽子等。

4）在化妆与发型方面，适合色调柔和的少女感妆容，强调睫毛和嘴唇；直发、卷发、编发和马尾等发型都适合少女型风格的装扮。

5）注意，尽量避免选择过于成熟的图案和款式，否则会丧失本身的少女感，也会让人觉得很违和。

（2）优雅型风格

该风格的人的特点是面部轮廓柔美圆润，五官精致，身材曲线明显，走路优雅。

1）在着装方面，建议选择突出曲线的柔美风格服饰，例如花瓣领、小圆领上衣；穿套装时可以搭配丝巾，用丝的柔美化解西装的硬朗；穿裙装时可以选择带有素色花样的连衣裙或凸显曲线的优雅套装（图2-2-3）。

图2-2-3 优雅型风格

2）在颜色搭配方面，尽量选择素雅柔和的颜色，如米黄色、米白色、淡蓝色、淡紫色等；或者比较成熟的酒红色、紫灰色等，而图案方面则尽量避免条纹、格子、波点等，可以选择花朵、水果等图案。

3）在配饰方面，使用金、银、珍珠等简单点缀即可，避免佩戴夸张的饰品而喧宾夺主。优雅型的人在选择鞋子时应该以柔软的皮质为主。

4）在化妆与发型方面，要注意妆面干净，避免艳俗的色调，强调睫毛；中长款发型和卷发比较能够突出优雅型风格的特征。

（3）浪漫型风格

该风格的人给人的印象通常是浪漫华丽、高贵富有。浪漫型风格的人曲线感较强，女人味十足，身材曲线丰满圆润，性感浪漫。

1）在着装方面，应以华美、夸张，具有曲线裁剪的服装以及能够展现女性妩媚气质的裙装为主。这类服装通常领部宽大，或者袖子带有喇叭袖等；裙装一般选择鱼尾裙、大裙摆的裙子等；外套一般选择带有收腰设计的款式，身材臃肿的可以利用直线裁剪的服装来改善（图2-2-4）。

图2-2-4　浪漫型风格

2）在色彩搭配方面，选择色彩明亮、饱和度高的色彩。图案选择上可以选择花朵、流线、动物和大团的花卉等。

3）在配饰方面，选择带有大花朵元素以及带有曲线感的夸张的配饰，材质可以选择钻石、黄金和宝石。

4）在妆容和发型方面，适合柔和的妆面，比如有弧度的眉形、弯翘的睫毛等；发型首选大波浪，根据身高的脸型来设计发型的长度，但一定要蓬松，以此来衬托女人味，避免直发和短发。

（4）戏剧型风格

此类型被认为是夸张型、艺术型。戏剧型风格的人面部线条分明，五官立体，身材骨感高大，看起来比实际身高略高，在人群中存在感强，给人以成熟个性、夸张时髦的感觉。

1）在着装风格方面，与众不同，曲线、直线的裁剪风格都适合，中性装扮则能表现出帅气时尚，应避免选择可爱型的服饰（图2-2-5）。

2）在色彩方面，选择较饱和、可以产生对比效果的颜色，可以选择几何型、大花型和动物斑纹等夸张华丽的图案。

3）在配饰方面，适合充满个性的时髦而夸张的饰品，如大耳环和多层项链等，材质方面则可以选择宝石或金属材质。鞋子的选择范围也比较大，尖头鞋、细跟鞋和平底鞋都适合。

图 2-2-5　戏剧型风格

4）在化妆与发型方面，妆面要突出个性，眉毛要有眉峰，适合画夸张的眼线，突出眼妆或唇妆。

（5）自然型风格

此类型又称运动型风格、随意型风格。自然型风格的人通常面部轮廓和身材都呈直线感，神态轻松不做作，走路潇洒，给人以自然亲和、朴实大方的印象。

1）在着装风格方面，以简洁大方为主，面料以棉麻、毛线为主，而着装结构方面则以宽松为主（图2-2-6）。

图 2-2-6　自然型风格

2）在色彩方面，选择纯度和饱和度较低的颜色，较多使用自然色系进行搭配。

3）在配饰方面，通常选择自然材质，例如木质、贝壳等，搭配平底鞋和具有民族风格的饰品，少用金、银首饰。

4）在化妆与发型方面，妆容以清新自然的裸妆为主；发型则可以是清新的直发、简单的马尾等，或是充满朝气而不失成熟气质的短发。

（6）古典型风格

此类型又被称为传统型、保守型。古典型的人给人的印象是端庄高贵、传统严谨，通常面部轮廓偏直线感，五官端庄，有一种成熟而高雅的味道。此类型的人通常身材适中，以直线型为主，很少有丰满的身材。

1）在着装风格方面要突出高贵、都市、品位，以裁剪精良，能凸显庄重的西裤、一步裙和A字裙为主，衣领选择V领或方领，避免圆领、荷叶边等元素，切忌夸张、可爱等风格（图2-2-7）。

图2-2-7　古典型风格

2）在色彩搭配方面，以冷色调为主，根据肤色的具体情况去选择，切忌夸张艳丽。

3）在图案选择方面，可以考虑排列整齐的小格子、小几何、小碎花、条纹和水纹图案等。

4）配饰方面，以精致精美为主，把握少而精的原则，材质以珍珠、宝石和钻石类为主，避免可爱、民族风等饰品。皮质配饰选择做工精致、轮廓感强、设计简洁大方的饰品。另外，也可以选择胸针或丝巾作为点睛搭配。

5）在化妆与发型方面，妆面精致淡雅，强调眉形、睫毛、眼线和嘴唇。发型整齐、精致，如干练的短发和盘发等。

（7）时尚型风格

此类型的人给人五官精致的印象，身材玲珑骨感，通常轮廓线条清晰，个性十足，性格活泼。

1）着装宽松肥大，个性十足；或者又贴合身体，线条感强（图2-2-8）。其通常选择混搭或撞色、镂空、做旧等方式，钟爱不对称裁剪的服装；避免华丽、可爱甜美的造型。

图2-2-8 时尚型风格

2）在色彩方面，使用纯度、彩色度较高等冲击力强的颜色，尽量避免使用明亮的颜色。

3）在图案方面，大多选择几何、动物和花卉等夸张或抽象的图案。

4）在配饰方面，以造型怪异的几何形为主，常多层次叠加佩戴，如手镯和戒指等。

5）在化妆与发型方面，以脸型来定，大多数发型都合适。

（8）帅气型风格

此类型也称为前卫少年型、干练型。帅气型风格的人通常五官直线感较强，面部轮廓分明，英气十足，给人利落干练的中性感觉，性格直爽。身材直线感强，走路姿态潇洒。

1）在着装搭配方面，以中性的衬衣和T恤为主，或选择裁剪精良合体的西装（图2-2-9），上衣选择短款、立领的款式，以凸显帅气。应避免选择华丽、结构松散的服装。

2）在色彩搭配方面，应选择明快的色彩。

3）在配饰方面，应选择别致的、有现代气息的饰品。

4）在化妆与发型方面，适合淡妆，不能过分运用色彩，应稍微强调眼影与眼线。短发、直发最能凸显干练和帅气。

图2-2-9　帅气型风格

在服装搭配方面，以上所述风格都必须是以美与和谐为主，不能想当然地乱搭配。应该多考虑自身的身材特征、体态等，如果体态不挺拔，那么穿什么样的服装都不会有美感，所以，美好的体态能帮助你更完美地搭配出适合自己的服装风格。

三、配饰在整体造型中的作用

大多数人被传统着装观念所影响，不注重配饰在服装搭配方面的作用。尤其当服装的款式和做工都很精致时，如果缺少了配饰，那么往往会导致整体效果过于传统和平淡，显得刻板。

浪漫的法国女性虽然仅拥有少量贵重首饰，但却拥有大量装饰性的饰物；日本女性更偏爱丝巾，通常能掌握十几种丝巾的系法。服装如果不重新进行搭配，那么其实用性则不能发挥作用。可以通过首饰、包、鞋和丝巾等与妆容和服装进行搭配，发挥其作用，从而使自己的整体气质更加协调统一。

饰品（图2-2-10）搭配在不同的服装和不同的人的身上，往往能诠释出不同的生活理念和个人修养。我们可以根据自己的品位和气质，利用配饰与服装进行搭配，形成符合自身气质的风格，展现精致、个性和完美。

图2-2-10　各种类型的饰品

1. 首饰

首饰的材质有金、银、钻石、珍珠、亚克力、合金、陶质和木质等。它们有着不同的属性。从颜色上分，金色首饰通常用来搭配暖色系的妆容和服饰，银色首饰用来搭配冷色系妆容和服饰。首饰和服饰的颜色为同色系的时候显得协调稳定，而在对比色的情况下又显得活泼。此外，首饰的材质也影响了整体风格的协调性。例如，金属首饰偏向时尚；陶质和木质偏向自然风格和民族风格；亚克力偏向夸张的欧美风格；珍珠偏向优雅甜美风格（图2-2-11）。

图2-2-11　各种类型的首饰

2. 包

"没有一个女士不爱包",所以包在配饰中占有绝对地位。包(图2-2-12)的造型有单肩包、双肩包、斜挎包和手拎包等。通常情况下,女士包的大小应该是女士臀部大小的1/3,但也有为了表现民族风而造型夸张的包袋,以及为了表现优雅淑女风格的造型纤巧的晚宴包。在包的搭配上,人们应尽量选择适合自己服装风格的包,以达到整体协调的效果。

图2-2-12 各种类型的包

3. 围巾

围巾按形状分有三角巾、方巾、长围巾和披肩等,材质有棉质、羊毛、羊绒、真丝和麻质等。它们形成了不同的风格,给人以不同的搭配感受。

无论哪种风格,都离不开色彩的选择。最基础的搭配方式是以服装色调为主,同色系搭配。这样不易出错,也显得整体和谐一致。另外,搭配方式也可以遵循净色服装搭配花色围巾、带图案的服装搭配净色围巾原则。这样的原则可以使围巾在整体搭配中起到点睛的作用(图2-2-13)。另外,搭配方式也应该考虑肤色,围巾要和面部肤色相协调,如偏暖的肤色不适合冷色围巾，否则会与面部形成对比，显得生硬，而选择中性色则会显得和谐。

图 2-2-13　围巾搭配

4. 腰饰

腰饰分为腰带、腰链、腰封和腰巾等，材质有皮质、合金和绳质等。腰饰在搭配（图 2-2-14）中，有改善人体比例和提升造型的作用。腰饰在色彩上的搭配也以同色系、类似色和对比色为主。同色系和类似色不易出错，对比色一般起到点睛作用。

另外，腰饰的位置也很重要，如果想要下半身看起来比较长，那么可以将腰饰放在位置较高的地方，并且选择与裙子或裤子相同颜色的腰饰。这在视觉上有提高腰线的作用。

图 2-2-14　腰饰搭配

第三节 气质美

素材六

一、气质美的体现

外表的美是短暂的。外部装饰的美丽在整个气质美中只占一小部分，而气质带给人的美感是与日俱增的，是不受年龄、服饰等影响的，是随时随地自然流露出来的，往往具有永恒的魅力。

气质是一个人的个性特征，每个人都有自己独特的气质。例如，性格开朗大方的人，往往表现出聪慧的气质；性格温文尔雅的人，大多表现出高雅的气质；性格爽直豪放的人，大多表现出粗犷的气质。在生活中，我们不仅要注意自己的体态和服饰，还要注意提升自己的气质，以给人美的感受。虽然时尚的服饰和精心的打扮都能给人视觉上的美感，但正如伏尔泰所说的："美只愉悦眼睛，而气质的优雅使人心灵入迷"。真正懂得美的人，会发现气质带给人的美感是不受年龄、服饰打扮的局限的，如图2-3-1所示。

图2-3-1 气质美

那么气质美最直接体现在哪里呢？很多人都认为气质是一种很虚无的东西，是无形的；但气质是看得到的，也就是说气质是看似无形、实则有形的东西。气质是人的个性心理特征之一，可以通过一个人对待生活的态度、个性特征和言行举止等方面表现出来。

（1）气质表现在举手投足间

气质是指通过人的知识、情感和言语等心理活动体现出来的稳定的动力特征；是在人的生理素质基础上，通过不断地生活实践和后天积累而形成的。一个人走路的姿态、待人接物的风度、说话的声调等，都属于气质外在而有形的体现。比如，以下两种情况都可以体现出人的气质。

1）待人接物热情而不浮夸、大方而不傲慢（图2-3-2），自身散发出一种亲和力，可以温暖人心。这种真诚而不虚伪，总是和颜悦色、内秀矜持的姿态体现出高雅的气质。

图2-3-2　待人接物落落大方

2）说话时声调适中。生活中，有些人声音轻缓柔和，有些人声音沉重威严，还有些人声音高亢清朗。不同的声调表现出不同的个性。气质高雅的人，通常语气温和而沉稳、声调圆润而和缓。如果天生声音高亢尖锐，那么也可以进行一些发声训练，以帮助自己控制音量和声调（图2-3-3）。

（2）气质美还表现在性格上

开朗的性格往往透出大气的风度，比较容易传递出人们内心的情感。富有感情的人，则在气质上更具风采；而谦虚低调的性格，则能展现出

图2-3-3 控制音量和声调，进行愉快的交谈

安静的气质（如图2-3-4）。在这个充满竞争的时代，我们都有很大的压力，但若能平静地接受自己的优点和缺点，并将自己的独特之处视为天赋，则就是谦逊。谦逊能帮助你做自己，接受自我，练就宠辱不惊的心态，以一种平衡而美妙的方式展现出安静的气质。

图2-3-4 不同性格展现出的不同气质

（3）气质美表现在对理想生活的追求上

理想是人的动力源，若没有理想和生活目标，则人的内心就会空虚贫乏，也就无法产生积极向上的心态，自然也无法产生气质美。

（4）高雅的兴趣是气质美的一种表现

例如，爱好文学并具有一定的鉴赏力。欣赏音乐、喜欢美术和热爱自然等，都能为人带来积极向上的能量和气质。这是一种和谐优雅的美。

二、修炼气质美

气质是一个人真正的魅力所在，属于内在的人格魅力。提升气质最核心的方式就是提升自己的审美。

审美是一个人内在的艺术欣赏能力，是决定一个人品位的关键，而品位则决定了气质。它不仅体现在外在的视觉标准，更能体现出一个人内在的知识涵养。人只有在审美能力和精神境界都达到一定程度时，其品位才能凸显出来。培养审美能力需要经过长时间的学习和积累，宋朝诗人苏轼有诗云"腹有诗书气自华"，我们可以通过多读书、读好书来提升自己的气质。如果一味追求化妆技巧，虽然能形成表面的美，但是增加不了内涵，毕竟由内而外散发出的气质美是化妆替代不了的。

你可能见过虽然妆容精致、衣着讲究的人，一开口却是粗俗的语言；你也可能见过虽然衣着朴素的人，言谈举止却落落大方，流露出淡然与从容。可能大家都已经知道什么样的人才是真正有气质的人，但是却不知如何修炼气质。

气质是一个人在生活中的全方位体现，并且不仅仅停留在肤浅的外表。日本当代作家加藤美惠子在《气质最好的样子》一书中所传达出的理念，就是气质的生活实践版，非常实用并且具有可操作性，能够帮助人们从生活细节出发，活出自己最好的样子。

以下是书中给出的几个提升气质的方法。

1）与优质物品相伴，提升生活品质。

所谓"近朱者赤"。在交朋友的事情上，人们都知道优秀的朋友会影响自身对生活的态度；在气质这件事上，人们也需要和优质物品相伴，时间久了，眼光和品位都会提高，言行举止也会变得优雅。

但优质的物品，并不是指奢侈品，而是指经过精心设计、质感优秀、需要我们仔细打理的物品。例如，纯银餐具（图 2-3-5）需要被经常擦拭才能产生光泽，而这些需要精心呵护的物品，使人们在使用时极其细心。久而久之，人们就会自然而然地改掉毛躁的坏习惯，变得细心而稳重,举手投足间自然就流露出精致的味道了。

图2-3-5 纯银餐具

2)为自己打造优雅的生活空间。

优雅的人必然有着优雅的谈吐,而优雅的行为也必然要求有优雅的生活空间。让自己的居住空间变美,这种舒适感与美感会由外向内影响到人的身心,改善生活习惯,提升行为举止和举手投足间的优雅感。

3)穿着考究,提升品位。

尽量选择质量上乘的服饰,即虽然没有复杂的设计用于日常穿着中,也能够彰显一个人的生活品位和自身气质。

前文提到了服饰的搭配,在气质的养成中,人们对服饰的选择也有一定的要求。例如,选择适合自己的颜色和款式,研究搭配技巧;选择可以自己打理的纯天然面料(图2-3-6),如羊绒、丝绸等,触摸的手感以及皮肤的感受可以提升你对美好事物的感受能力。另外,不被时尚所左右,培养自己独立的审美情趣和穿衣风格,打造自身独特的气质。

图2-3-6 纯天然面料

第二章 人 美

在日常生活中，除了前边章节中讲到的外部形象能够提升外在的美感外，我们也可以通过阅读、看杂志、看电视、听音乐和旅行等方式，观察和揣摩人的外表与内心，从而转化成自己的想法，提高审美能力，从而提升气质。

1）多读书，多看世界。

"你的气质里藏着你读过的书，走过的路。"读书时不必追求面面俱到，也不要追求立竿见影的效果。也许读过一本书后，你很快就会忘记书中的内容，但是这些精神食粮就像我们曾经吃过的饭一样，在无形中积累沉淀；旅行也不必一定要环游世界，无论去哪里只要用心看路上的风景，感受不同的人文，这些都会慢慢地显现在你的气质上（图2-3-7）。

图2-3-7 读书散发出的气质美

2）查阅时尚杂志，捕捉每季流行动态，拓宽知识面。

时尚杂志（图2-3-8和图2-3-9）里往往有本季最为流行的服装样式。我们可以通过时尚杂志开阔眼界，提升外在的审美品位。在看杂志的同时，要分析服装造型，把注意力集中在细节的搭配上，观察其颜色、款式、配饰和发型等造型元素，作为自己搭配的参考。应经常去逛品牌店，了解流行动向，多试穿和触摸不同款式和色彩以及质感的服装，提升自身对时尚的把控能力。

3）善于总结成功与失败的经验。

观察生活中的成功形象，分析搭配效果、搭配细节、款式和配饰的选择以及人物的定位等，思考自己是否可以借鉴。与此同时，总结生活中搭配失败的教训，了解不同类型和处于不同社会阶层的人群的着装特点和审美情趣。

审美与修养

图2-3-8 时尚杂志（一）

图2-3-9 时尚杂志（二）

4）在艺术作品与影视作品中积累审美经验。

欣赏经典绘画作品（图2-3-10）和欣赏经典电影作品（图2-3-11）都可以提升自身的艺术素质，从而提高自己的审美能力。在欣赏电影或电视剧的同时，我们除了要学会用设计者的眼光评价不同的服装种类的搭配方式，还要用心去感受电影和电视剧传达出来的理念，树立正确的价值观，在思想上形成积累，以实现审美能力的提升。

图 2-3-10　经典绘画作品

图 2-3-11　经典电影作品

5）培养一个兴趣，学会更优雅的生活。

培养自己在生活中的一个兴趣，如做手工。做手工除了实用性之外，还富有创造性，而创造性的部分拥有让我们全情投入的价值。另外，还可以学习园艺，如打造美丽的阳台（图 2-3-12）。这个过程不仅在培育植物的过程中会给人带来愉悦感和成就感，也会让人在园艺的培育中学会欣赏美好事物，达到净化心灵的作用。

6）不要忘记微笑，保持心情开朗。

无论生活多么忙碌，都一定要拥有自己的专属时光。自己细细享受，慢慢品味的同时，也可以缓解生活和工作带来的压力，保持好心

图2-3-12 打造美丽的阳台

情（图2-3-13）。另外，还应该养成良好的生活习惯，睡眠和饮食有规律。爱护身体，就等于爱自己。

图2-3-13 保持好心情

其实，最高级的艺术审美还是来自身边的自然，而修炼气质也是从最普通和最自然的小事做起，形成长期和良好的生活习惯。这些优秀的品质需要靠不懈的努力才能使之日益完善，形成独立的个性和自身独特的气质。

第四节 人格美

素材七

人是万物的灵长，而人格是人的重要特征，同时，也具有鲜明的自我特点。多样的人格组成了社会色彩缤纷的风景。

人格又称个性,是个人带有倾向性的、本质的和比较稳定的心理特征(如兴趣、爱好、能力、气质、性格等)的总和。

人格美是美在人格上的集中表现,是人的高尚的道德情操、智力和思想等主体精神外化的感性体现。人格美是生命美的重要维度之一。人格美的分类方法很多,众说纷纭。依据不同的标准,人格美可以分为不同的类型。人格是多样性的,人格美也是多种多样,用统一的标准涵盖这些鲜活的美,是一个难题。我认为,人格美可以从以下几个维度来探讨。

一、德行

德行是指美好的道德品行。古人云:"德为才之帅,才为德之资。"德行美是衡量人格美的重要维度之一。德行不仅指忠、孝、爱国,还指有良好的道德品质,比如善良、正直、诚实、守信等。

孔子(图2-4-1)门下有三千弟子,其最优秀的有七十二个。孔子最得意的弟子是颜回(图2-4-2),因为其德行最好。颜回虽然很穷困,用粗陋的竹器吃饭,用瓢喝水,住在非常简陋的房子里,但仍然能够保持着心中的快乐,不改乐道之志,所以孔子盛赞颜回安贫乐道,是贤者。

图2-4-1 孔子

图2-4-2 颜回

德行美的人，即使是小人物，也能发光发热。如韩信与漂洗棉絮的老太太的故事就感人至深。

韩信年轻时很落魄，经常寄食在别人家。有一次韩信在河边遇到一位漂洗棉絮的老太太，老太太看到他饥饿难耐的样子，就把自己的饭菜拿出来给韩信吃。这样连着十几天，韩信很感激，发誓以后要报答老太太。老太太听后，生气地说："大丈夫不能自己养活自己，我是可怜你才给你饭吃，根本没有指望你来报答。"

故事中的老太太是一个很普通的老人，虽然收入很少，却还能以不求回报的心态来救济韩信，实属难能可贵。

德行美的人，无论贵贱，无论尊卑，身上都充溢着人格之美。

当代中国社会对德行越来越重视。"感动中国"是中央电视台综合频道打造的一档精神品牌栏目，被誉为"中国人的年度精神史诗"。王顺友（图2-4-3）曾于2005年被评选为"感动中国十大人物"之一。他的颁奖辞是："他朴实得像一块石头，一个人，一匹马，一段世界邮政史上的传奇。他过滩涉水，越岭翻山，用一个人的长征传邮万里，用二十年的跋涉飞雪传心，路的尽头还有路，山的那边还是山，近邻尚得百里远，世上最亲邮递员！"

图2-4-3 王顺友——马班邮路上的传奇

王顺友是一面镜子。在他身上，我们读懂了什么叫忠诚执着；在他身上，我们读懂了什么叫爱岗敬业；在他身上，我们读懂了什么叫无私奉献。王顺友，一个平凡的邮递员，用自己二十年来对工作的赤诚和坚守，诠释了德行之美。

二、言语

言为心声，言语是展现一个人精神风貌的重要窗口，也是人格美的重要维度之一。

"一言可以兴邦，一言可以丧邦""烛之武退秦师""诸葛亮舌战群儒"都是历史上有名的关于兴邦的故事，充分展示了言语的非凡作用。

郑国被秦、晋两个大国包围，危在旦夕，郑文公派能言善辩的烛之武前去说服秦伯。烛之武巧妙地勾起秦穆公对秦、晋之间矛盾的记忆，对秦穆公分析了当时的形势，采取分化瓦解的办法，说明了保存郑国对秦有利而灭掉郑国对秦不利的道理，最终说服了秦穆公，秦国先撤兵，晋国也只好撤兵。烛之武凭借自己卓越的外交才能，能言善辩的语言才能，不费一兵一卒，退却了秦晋大军，保存了郑国（图2-4-4）。

图2-4-4 烛之武退秦师

言语在外交中发挥了重要作用，一个优秀的外交家一定是擅长辞令的。

周恩来总理堪称外交家的典范。他凭借自己的智慧，巧妙的语言，化解了多次危机。有一次，一位外国记者不怀好意地问周恩来总理："在你们中国，明明是人走的路为什么却要叫'马路'呢？"周恩来总理答道："我们走的是马克思主义道路，简称马路。"这位记者的用意是把中国人比作牛马，和牲口走一样的路。如果你真的从"马路"这种叫法的来源去回答他，即使答案正确也是没有什么意义的。周恩来总理把"马路"的"马"解释成马克思主义,恐怕是这位记者始料不及的。

言语也是生活中的重要艺术。正所谓"良言一句三冬暖,恶语伤人六月寒",一个掌握言语艺术的人,会使自己的生活锦上添花。一句话,说的方式的好与坏,能彰显出言语能力的高低。

我国古代有一个"以礼问路"的故事,说的是有位从开封到苏州去做生意的人,在去苏州的路上迷失了方向,在三岔路口上犹豫不定。忽然,他看见附近水塘旁边有一位放牛的老人,就急忙跑过去问路:"喂,老头!从这里到苏州走哪一条路对呀?还有多少路程呀?"老人抬头见问路的是一位三十多岁的人,因为他没有礼貌,心里很反感,就说:"走中间的那条路对,到苏州还有六七千丈远的路程。"那人听了觉得很奇怪,就问:"哎!老头,你们这个地方走路怎么论丈而不论里呀?"老人说:"这地方一向都是讲礼(里)的,自从这里来了不讲礼(里)的人以后,就不再讲礼(里)了!"

三、智慧

智慧,是指聪明才智,但不等于聪明,比聪明的境界更高,展现着人整体的综合素质、人生境界。智慧是很重要的人格魅力指数之一。

智慧包罗万象。从大的方面来说,人类文明是劳动人民的智慧结晶;从小的方面来说,个人的智慧多少成就了不同的人生,无数杰出历史人物凭借自己超常的智慧推动了历史的发展。

诸葛亮被民间称为智慧的化身。《三国演义》写了他的赫赫战功:火烧博望与新野、七擒孟获、六出祁山等;还写了他人生无数精彩的瞬间:舌战群儒(图2-4-5)、草船借箭、借东风、智激周瑜、三气周瑜、空城计等。诸葛亮的事迹不断被小说和戏曲加工和改编,在民间广为传颂。他逐渐成为民间智慧的化身。

《红楼梦》第二十五回宝玉生病,有一个道士和一个和尚上门来为他医治。道士称贾家有稀世珍宝,不用外求。作者的寓意是,所有向外追求的领悟和智慧都是假的,真正的智慧要从自己的本心里去找。

图2-4-5 诸葛亮舌战群儒

贾政号称，宝玉生下来带了一块宝玉，据说能辟邪，但是现在不灵验了。和尚说因为它现在被声色货利所迷，所以不灵验了。表面上看，作者在讲神话，实际上是在点化人：人们善良、光明、智慧的本性一直都在，只是一旦被贪、嗔、痴等欲望迷惑，本性就会迷失。只要肯把这些东西去除，本性就会再现，所以，智慧是要返回本心，找回本性。

四、傲骨

傲骨，是指倔强不屈，高傲自尊。傲骨包括骨气、气节和节操。

"富贵不能淫，贫贱不能移，威武不能屈，此之谓大丈夫。"孟子提到的大丈夫准则，正是傲骨的集中体现。

伯夷和叔齐是商末孤竹君的两个儿子。相传孤竹君遗命立三子叔齐为君。孤竹君死后，叔齐让位给伯夷，伯夷不受；叔齐尊天伦，不愿扰乱社会规则，也未继位，兄弟二人先后出国前往周国考察。周武王伐纣，二人扣马谏阻。周武王灭商后，他们耻食周粟，采薇而食，饿死于首阳山。

"义不食周粟"（图2-4-6），饿死首阳山的伯夷、叔齐，用生命诠释了傲骨。

图 2-4-6 伯夷、叔齐义不食周粟

老舍（图 2-4-7），是中国现代文坛的巨匠。他的代表作品有《骆驼祥子》《四世同堂》和剧本《茶馆》，被誉为"人民的艺术家"。1966 年 8 月 24 日，由于受到"文化大革命"恶毒的攻击和迫害，老舍含冤自沉于北京太平湖。老舍像他笔下的很多主人公一样，选择以死捍卫自己的尊严，因为老舍是旗人，他笃信"满人可以舍命，不能受辱"。

图 2-4-7 老舍

傲骨，是人格的中流砥柱，是对抗邪恶的有力武器。如果社会上充斥着无傲骨之人，那么社会是没有正气的，而没有正气的社会是可怕的。傲骨，也是健全人格的重要标志。一个人云亦云、没有主见的人，是人格不健全且缺乏魅力的人。世界上多姿多彩的风景，是由个性鲜明的个人组成的，而傲骨是个性的重要基石。有傲骨之美的人，身上洋溢着性情之美。

五、雅量

雅量，是指宽宏的气量。魏晋时代讲究名士风度，要求人们注意举止的旷达和潇洒，强调的是七情六欲都不能在神情态度上流露出来。不管内心活动如何,只能深藏不露,表现出来的应是宽容、平和、若无其事,也就是说,见喜不喜,临危不惧,处变不惊,遇事不改常态,这才不失名士风流。

"雅量涵高远,诗书见古今",有了宽宏的气度才能意气高远,有了深刻思想哲理的箴言才能察见古今。雅量不是天生的,而是源于丰富的知识,源于对生活的参悟,源于人生的阅历,源于诗书的教化。

夏侯玄曾经靠在一根柱子上写信,当时正下着大雨,一个闪电突然劈到柱子上,夏侯玄的衣服都被烧焦了,但他神色不变,继续倚着柱子写信。一旁的宾客和随从,全都吓得站不稳脚,跌倒在地。

"泰山崩于前而色不变"。我们常常以此来形容一个人处变不惊、沉稳冷静的样子,但如夏侯玄一般,衣服被烧焦了还能镇定自若的人,确属罕见。在突发状况面前未仓皇失措,不失为一种气量宽宏的表现,算得上是一种雅量。

王夷甫(图2-4-8)(王衍,字夷甫,西晋末年重臣,玄学清谈领袖)曾嘱咐一位族人帮自己办事,但对方过了很久也没有办。一次,王夷甫在一个宴会上碰到了那个人,于是就对他说:"之前我嘱咐你办的那件事,你怎么到现在还没办呢?"那位族人听完非常生气,举起手中的食盆摔在王夷甫脸上,王夷甫一句话也没有说,洗完脸,拉着王导的胳膊,和他一起乘车离去。在车上,王夷甫照了照镜子,说:"你看我的眼光,简直高过牛背。"

图2-4-8 王夷甫

愤怒是所有情绪,或者说处事方式中最愚昧、最粗鲁的一种。它常常会很大限度地暴露一个人的阴暗面,让众人避而远之。不要和愤怒的

人动气，王夷甫的处理方式很值得借鉴和学习，与其和愤怒的人较真，倒不如以一种幽默自嘲的方式解决。用智慧的方式战胜他们，同时，让他们无从还击，无力还击。

刘庆孙在太傅府上任职，当时很多士大夫都被他构陷，唯独庾子嵩[庾敳，字子嵩，颍川鄢陵（今河南鄢陵北）人，西晋名士、清谈家]超然世外，因此没有把柄可供刘庆孙利用。后来由于庾子嵩生性节俭但家中富裕，有人劝说太傅，让他向庾子嵩借一千万钱，希望庾子嵩能够因为吝惜钱财而拒绝他，这样就可以乘机构陷。于是太傅趁众人在座时，向庾子嵩借钱。庾子嵩当时已经喝醉，浑身无力，头巾掉在桌子上。庾子嵩一边将头靠近头巾，一边缓缓地回答说："我家里确实有两三千万钱，随便你拿。"刘庆孙听完，心服口服。后来有人跟庾子嵩提起这件事，庾子嵩说："这可以说是以小人之心，度君子之腹"。

用卑劣的想法去揣度正人君子，刘庆孙的做法实在可笑，而我们也不得不说，在一个构陷无所不用其极的时代，千万不要予人把柄。最好的方式，就是无愧于心，堂堂正正做人，所谓"身正不怕影子歪"就是这个道理。

楚庄王有一次宴请群臣，喝到天黑酒酣之际，蜡烛突然灭了，有个大臣趁黑拉扯楚庄王的美人的衣服。美人很机灵，一伸手把那个人的帽缨扯了下来，并立刻告诉楚庄王，请求彻查此事。楚庄王不但没有追究，还大声对群臣说："大家把帽缨扯下来，不醉不归。"于是大臣们扯下帽缨，然后点燃蜡烛，继续饮酒。

之后，晋国与楚国交战，有一位大臣身先士卒，五次冲锋，在他的带领下，楚军很快击溃了晋军。楚庄王很奇怪，召来那位大臣问："我从来没有特殊对待过你，你为什么如此奋不顾身呢？"那位大臣回答："我本来是有死罪的，之前在宴会上醉酒调戏美人的就是我。正因为您的宽宏大量，我才有今天报效您的机会，因此赴汤蹈火，万死不辞！"

楚庄王爱美人但更爱大臣，作为一国国君，能够容忍一个大臣对自己的美人无礼，是难得的雅量。"士为知己者死"。是楚庄王的雅量赢得了大臣的以死效忠。

第二章 人 美

"战国四公子"之一的信陵君,是礼贤下士、雅量高致的典范。他与侯嬴的故事传诵千古。魏国大梁城东门有个门卫叫侯嬴,已经七十岁了。信陵君听说他是个贤士,就带着厚礼过去拜访,但侯嬴谢绝了他的礼物和邀请。过了不久,信陵君在府上大摆酒席,并请来很多贵客,他和客人们寒暄后,亲自驾车去接侯嬴(图2-4-9)。侯嬴这次没有推辞,整理了一下破旧的衣冠就上车坐到了尊位上。走着走着,侯嬴说自己有个朋友在市场当屠夫,想顺路过去看望一下,信陵君立即驾车前往市场。侯嬴下车直奔他的朋友,一边同朋友聊天,一边斜着眼睛观察信陵君。信陵君此时仍然和颜悦色,没有丝毫的焦躁。到了信陵君的府上,信陵君又让侯嬴坐到尊位上,并向在场的客人隆重介绍侯嬴。大家畅饮正酣时,信陵君起来为侯嬴敬酒。这时,侯嬴终于被感动了,他说自己之所以这样傲慢,就是想试试信陵君的度量,没想到信陵君如此大度。

图2-4-9 信陵君与侯嬴

酒席结束后,侯嬴继续回去看守城门。后来,他在信陵君危难的时候献上一个十分高明的计策,帮信陵君摆脱了困境,这个计策就是后人所熟知的"信陵君窃符救赵"。侯嬴那个当屠夫的朋友叫朱亥,在信陵君窃符救赵的过程中帮了信陵君的大忙。

成大事者,无不具有雅量。有雅量,懂包容,才能成大器。

"上善若水,水善利万物而不争,处众人之所恶,故几于道。"一个人如要效法自然之道的无私善行,便要做到如水一样至柔之中有至刚、至净、能容、能大的胸襟和气度。一个修道人的胸襟也要"据兮其苦海",像大海一样,宽阔无际,容纳一切细流,容纳一切尘垢。

六、风神

风神,是指人的风度、神采。风神潇洒、不滞于物。魏晋风度完美地诠释了风神。魏晋风度,在很多人看来,是一种真正的名士风范,所谓"是真名士自风流"。

1. 嵇康

嵇康(图2-4-10)是一个"明知山有虎,偏向虎山行"的人。一次,一位朝廷官员钟会慕名而至,嵇康却让他下不了台。这位心高气傲的青年心存怨恨,在司马昭那儿告了状:"嵇康是一个人物,杀了这个潜在威胁对朝廷有利!"于是司马昭才下决心杀嵇康。

图2-4-10 嵇康

其实,嵇康与钟会本无交无仇,只是他看不惯耻辱罪恶的社会和其中的成功人士,其成功本身就是可疑可耻的。"水至清则无鱼,人至察则无徒。"嵇康高贵到了纯洁的地步,也认真到了勇敢的地步。他被判死刑,临刑东市,神气不变,索琴弹之,奏《广陵散》后曰:"袁孝尼尝学此散,吾勒固不与,《广陵散》于今绝矣!……"

嵇康是一个典型的叛逆者,直来直去,决不趋炎附势,眼睛里揉不得一点沙子,千年来,中国百姓向来是规规矩矩,怎么说就怎么做,而像嵇康这样有自己独特个性的人少而少之。他追求自由、解放,率性而为且热情不屈。

2. 王羲之

郗鉴派人去找丞相王导，表示："你们家的公子们都丰神俊朗、才学出众，我想给我女儿挑选一个做女婿。"王导是个洒脱的明白人，就跟来人说："你去东厢房，随便挑选。"

那送信的门生也是个有觉悟的，看了一圈矜持自重的王氏诸郎，单和郗鉴说有东床上一个坦腹而卧的小哥。郗鉴也是慧眼识珠，一打听，此人乃可塑之才，要将女儿嫁给他！——这东床快婿是谁？正是大名鼎鼎的王羲之（图2-4-11）。

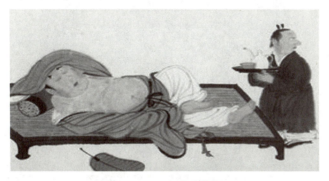

图2-4-11 东床快婿

据传，这位郗小姐也会书法，并且也是女书法家卫夫人的高徒，水平不在王羲之之下，因此这对夫妇自然是情投意合、举案齐眉的。后人也演说了这夫妻二人很多浪漫有趣的爱情故事出来。可见，当时魏晋名家大都比较崇尚真实坦荡的人，不故作姿态，不假装矜持，因此往往越是放浪形骸、不拘一格的人才，越是能得到世人的看重。

郗鉴自是眼光犀利，而王羲之更是率真坦荡、出类拔萃的第一流人物，有时"矜"未必能胜于"纵"，世所谓率真放浪，便是魏晋之风流了。

3. 王徽之

王徽之给人留下的最深印象便是他的率真无拘和快意而为。他弃官隐居山阴，过着一种清静无为、自由自在的生活。在山阴一个四望皎洁的雪夜,他独自对酒当歌,悠然吟出《招隐士》的句子,想到隐士高洁的情怀,不由地怀想起他那在风景如画的剡溪隐居的朋友戴逵来,他竟然不顾夜晚雪大,驾一叶扁舟乘兴前往(图2-4-12),"经宿方至,造门不前而返",一旦尽了兴,即便到了戴逵家门口,也不登门问候,而是兴尽而返。有人对他的这种行为不理解,而他却说:"吾本乘兴而行,兴尽而返,何必见戴?"

图2-4-12 王徽之雪夜访戴

这是一次没有现实的目的和功利的游览和拜访,以精神的自适作为最大的满足,不仅充分展现了王徽之的率真自然,也展现了他追求快意而为且不计得失的生活方式和超然旷达的人生态度,这是何等的洒脱,又是何等的自在。

关于王徽之喜好风雅,还有一个"不可无竹"的故事。故事说的是王徽之暂住在朋友家的一个空房里,他吩咐仆人在院子里种植竹子。仆人道:"老爷,我们过几天就搬家吧?何必这么麻烦?"王徽之吹着口哨吟唱了很多描写竹子的诗歌,颂扬竹子的高尚品质。他指着竹子说:"何可一日无此君?"尽说些仆人们听不懂的高雅之语,仆人们都暗地里嘟哝道:"你这么喜欢竹子,倒是自己种啊,真是站着说话不腰疼。"

4. 荀巨伯

荀巨伯远道去看望生病的朋友,正好碰上外族敌寇攻打郡城,朋友对荀巨伯说:"我现在快要死了,你还是走吧。"荀巨伯说:"我不远千里来看望你，你却叫我离开。损害道义来求得生存，难道是我荀巨伯做的事吗？"敌寇到了以后，对荀巨伯说："大军一到，全城的人都跑光了，你是何方壮士，竟敢独自留下？"荀巨伯回答道："朋友有病，我不忍弃他而去，宁愿用我的生命来换他的。"敌寇听了互相议论说："我们这些不讲道义的人，却入侵了有道义的国家。"于是撤军回去，郡城也因此得到保全。

危难时刻逃命自保，这是人的本能。朋友既已病重，自己留下来也于事无补，那抛弃朋友也是可以理解的，也就是说，如果荀巨伯逃走，那么根本无可非议，但他不顾自己性命而留了下来，这足以说明他是个十分重情重义的人。在过于理智的人看来，荀巨伯的做法可能是愚蠢的，然而，对于以情意为重的人来说，荀巨伯这么做却是英雄之举。因为，人难得的不是在顺境中为朋友做点什么，而是在逆境中与朋友共患难。这并非关乎理智，而是关乎一个人的精神意志和他对道义的坚守。荀巨伯把情义看得比理智和自己的性命还重要。他的人格魅力由此充分展现了出来。

5. 王恭

王恭从会稽回来后，同宗的王忱（王大）去看望他。王忱看见王恭坐着一张六尺长的竹席子，便对他说："你从东边回来，自然会有这种东西，可以拿一张给我。"王恭没有说什么。王忱走后，王恭就派人拿起所坐的那张竹席送给王忱（图2-4-13）。他自己已没有多余的竹席，就坐在草席子上。后来，王忱听说这件事，很吃惊，对王恭说："我原来以为你有多余的，所以才问你要呢。"王恭回答说："您老人家不了解我，我为人处世，没有多余的东西。"

庄子在《逍遥游》里提到："鹪鹩巢于深林，不过一枝；偃鼠饮河，不过满腹。"鹪鹩停在整片森林，要筑巢也不过占用一棵树而已，整片森林对它没有用；鼹鼠到河边饮水，能带走的水也不过一肚子而已，整条河流对它也没有用，所以，鹪鹩也好，鼹鼠也罢，只需要取自己需要的部分，不可有霸占之心。王恭说他为人处世没有多余的东西，也是这个道理。

图 2-4-13 别无长物

人活在世界上，为了满足自身的发展，适当地索取是必要的，但要知足。现实生活中，有些人活得太累，就是因为欲念太深，只顾索取，不知满足，想得到的东西太多而能力无法与欲望匹配，所以纠结、愤怒、不幸福。这时候，就要多向王恭学习了。

6. 卫玠

卫玠自幼风神秀异，坐着羊车行在街上，洛阳居民倾城而出，夹道观看玉人（图 2-4-14）。八王之乱的前期，卫瓘一家子遭到楚王司马玮的屠戮。幸好卫玠跟他的兄弟因病住在医生家，保住了命。不久之后，楚王玮垮台，卫家平了反。小小年

图 2-4-14 卫玠

纪就经历了骨肉分离、阴阳永别的悲剧，使卫玠对世界有了个清醒冷静的认识。八王之乱把西晋政权闹得一塌糊涂，胡人势力进入中原。天下大乱，卫玠费尽口舌说动母亲南下。他兄弟不肯走，后来死在匈奴人手上。一家子跑到江夏，卫玠之妻乐氏经不住旅途疲惫，死去了。征南将军山简赶快来见这个风流才子，把爱女嫁给了他。

卫玠又往东行，来到了大将军王敦镇守的豫章。王敦见他一表人才，能说会道，便对卫玠很是器重。眼见王敦杀戮同族兄弟，卫玠感觉此人

野心勃勃，久必生乱，不可依附，于是奔投东晋都城建业。建业的官员们久闻卫玠大名，立即答应予以重任。江东人士听说其姿容甚好，围观者人山人海，挤得卫玠寸步难行。这么一累，居然把美男子给累死了。这个典故就是"看杀卫玠"。

卫玠一生，既没在政治上有所作为，也没为中国文艺或科技的发展做贡献，军事方面更是从未涉及。这么个人，居然在《晋书》上有传记，可见"美男子"已经成为当时的一种文化现象。传记里反反复复强调了两点：一是俊美，二是会嚼舌头。前后一串，倒是很适合当电视台节目的主持人。

关于卫玠的美，《晋书》里用词有"明珠"和"玉润"等。他为人喜怒不表于形，总之是个面无表情的玉人。一千多年前，卫玠也发出过同样的叹息。当时最盛行手里拿个麈尾，模样优雅地清谈。刚开始时，"清谈"主要谈老庄之道，后来是天南海北乱侃，如谈人家的长相和行为（两晋美男子多出名，也有这方面原因）。政治问题太敏感，最好避开。卫玠舌头痒痒，一遇机会，定要冒两句，听众个个惊叹。清谈高手王澄（小名平子）对他佩服得五体投地。人称"卫玠谈道，平子绝倒。"

风神，是人的内在气蕴，是一种独特的精神气质，有与生俱来的先天素质，更有后天修养形成的精神素养。

第五节　人际关系美

人际关系是指人们在人际交往过程中形成的心理关系、心理上的距离。交往双方在个性、态度和情感等方面的融洽或不融洽、相互吸引或相互排斥，必然会导致双方人际关系的亲密或疏远。

人际关系美是生命美学的重要维度之一。人际关系是由人组成的，所以我们在探讨人际关系美的时候，可以把人作为切入点。我认为可以从以下两个维度来讨论人际关系美。

一、人性美

人性的本质，是指人的本质心理属性，也就是人之所以为人的那部分属性，是人与其他动物相区别的属性。人性美，是对人的本性的歌颂和赞美。人的本性，是指人类的天性，与生俱来的一些美好的品质。

人际关系的根本是人，人的品质决定了人际关系的好坏。和谐人际关系的建立，必定是以人性美为基础。人性美的人，身上具有一些美好的品质，如正直、善良、有同情心、有责任感和感恩之心等，这是人际交往的优秀品质，也是良好人际关系的保证。人性美，体现了人际关系美。

弗莱明和丘吉尔的故事充分体现了人际交往中的人性美。

19世纪末，苏格兰农村中，一位老农民领着十几岁的儿子正在田间耕作。突然，有一个孩子掉进化粪池。老农民和儿子奋力救出了少年。次日，获救少年的父亲前来道谢，作为回报，将老农民的儿子带到伦敦接受教育。被救的人是大名鼎鼎的英国前首相丘吉尔（图2-5-1），而老农民的儿子正是青霉素的发明者弗莱明（图2-5-2）。传奇故事并没有就此结束，第二次世界大战期间，丘吉尔在非洲患上肺炎，弗莱明亲自赶到非洲，用青霉素再次救了丘吉尔。

图2-5-1　英国前首相丘吉尔

图2-5-2　弗莱明

弗莱明的父亲的人性美感染了丘吉尔的父亲；丘吉尔的父亲为了回

报弗莱明的父亲，培养了弗莱明，最终丘吉尔和弗莱明的人性美，改变了历史。

战争是最残酷的，战争中的人性美是最难能可贵的。《辛德勒的名单》（图2-5-3）是反映第二次世界大战状况的经典之作。影片再现了德国企业家奥斯卡·辛德勒在第二次世界大战期间倾家荡产地保护了1 200名犹太人免遭法西斯杀害的真实历史事件，彰显了苦难中的人性美。

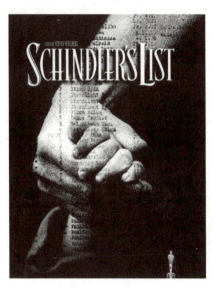

图2-5-3　《辛德勒的名单》

德国商人奥斯卡·辛德勒是个纵情吃喝玩乐且情人无数的男人，打算利用第二次世界大战大发一笔横财，却因为数次目睹犹太人惨遭杀害而良心觉醒，从此他的工厂全部雇佣犹太人，名为犹太人像牲口且聪明、价低技术高，实则是庇护他们。奥斯卡·辛德勒用自己所有财产打通关节、贿赂军官，从而购买犹太人到自己的工厂工作，救他们于水火中。辛德勒的名单代表生命和希望，名单之内即为生存，名单之外则是死亡。这些年轻的、幼小的、灿烂的、脆弱的生命被记入名单，奥斯卡·辛德勒耗尽所有，共救出1 200人之多。后来，奥斯卡·辛德勒去世，被以天主教的方式安葬在家乡兹维塔齐尔山上，每年都会有数以万计的犹太人前来祭奠，都是被他拯救过的犹太人的后代。"凡救一命，即救全世界"。辛德勒的善良和壮举让他获得了永生。

一个良好的社会，无疑是由无数个良好的人际关系网组成的。人性美在其中发挥了中流砥柱的作用，所以社会极力弘扬人性的真善美，营造良好的社会氛围，形成人人向善、人人皆美的好氛围。

二、人情美

人情是指人的感情表现，即人的常情与世情、情谊和情面等。人情，是人之所以为人所具有的情感和情分等，即人们平常所说的人情味。没有人情味的人是可怕的。

人情美，是指人际交往中流露出的友爱和感情的美。中国社会是人情社会，因为是熟人，所以很讲究人情。中国人的人际交往与人情结下了不解之缘，从生到死，无不与人情发生着密切关系。很多风俗礼仪都是人情的缩影和结晶。

人际关系的核心是人，人是感情动物，在人际交往之中，不可避免流露出感情和友爱等，所以，人情美体现了人际关系美。

沈从文的《边城》（图2-5-4）谱写了一曲人性美和人情美的赞歌。边城的人民保持着淳朴自然、真挚善良的人性美和人情美。他们诚实勇敢、乐善好施、热情豪爽、轻利重义、守信自约，"凡事只求个心安理得"。边城俨然是一个安静的、平和的桃源仙境。主人公老船夫忠厚老实，重义轻利，一副古道热肠。他几十年如一日地守着渡船，不计报酬，不贪便宜，只是以给人方便为乐。真诚的老船夫同时也获得了人们对他的

图2-5-4 边城

喜爱：卖肉的不肯收他的肉钱，水手们送红枣给他，小商贩们送粽子给他。傩送为了纯真的爱情，宁愿放弃一座碾坊的陪嫁而选择渡船；天保则宁愿牺牲自己的幸福，希望成全弟弟的爱情。天保遇难，傩送出走，爷爷离世，坚强的翠翠继续撑起了渡船，在渡口等待傩送的归来。

武汉的"提琴爱人"陈惠芳（图2-5-5）和丈夫袁春生的故事感人至深，他们是人性美与人情美的典范。他们12岁时是"同桌的你"，18岁就情定一生；他们是知心爱人，6年爱情长跑之后冲破世俗阻碍喜结连理；他们是患难夫妻，妻子陈惠芳10余年来独自一人撑起了一个家，对丈夫不离不弃。

图2-5-5 提琴爱人

现代社会构建良好的人际关系的核心是人情美与人性美。这样的人际关系，无疑闪耀着人性的光芒，散发着浓浓的人情味，是最理想的人际关系，也是现代社会呼唤的最美的人际关系。

第三章 生活美

生活美是与人们日常生活息息相关的,其不仅体现出人类文明的创造智慧,而且融入了人类的审美思维和追求。具体地讲,生活美以器皿美、饮食美、自然美、技术美和适用美为主要内容。它为人们的审美体验来自生活中的方方面面,且这种体验更为直接和强烈,更容易激发人们感受生活美好的热情,使精神得到强有力的鼓舞。

第一节　器皿美

素材八

在日常生活中,人们天天都要与各种器皿打交道,器皿之美源于大自然给予的材料与人类的智慧和工艺。早在人类文明开始,器皿的制造工艺就开始不断地完善,不仅材料的变化使人赏心悦目,而且质地的不同能带给人视觉和触觉上的不同美感,从而唤起人的生活热情以及对生活美的感受。

一、陶器

陶器,是用黏土或陶土经捏制成型后加以烧制而成的器具。原始陶器是在以农耕为主要生产手段的定居生活方式出现的基础上产生的,历史悠久,在漫长的原始生活中,人类发现"包烹法"中包裹在食物上的泥巴或是晒干的泥巴被火烧后,变得更加结实和坚硬,而且可以防水,于是原始的陶器便在偶然间产生了。在陶器时期器具的品种主要有灶、釜、甑、盆和罐等。主要烹饪方法有炊、煮、储、饮。陶器在古代作为一种生活用品,而在现代则一般作为工艺品收藏。陶器的发明是人类社会由旧石器时代发展到新石器时代的标志之一。直至今天,从陶制的砂煲、茶壶、茶杯、罐、钵、盆、缸等陶器中,我们不难发现饮食器具造型的艺术。在满足日常需要之余,人类把烹饪与美学很好地结合在了一起。陶器之美随着陶器工艺的不断完善，开始逐渐地展现出来。

具有精美装饰纹样的陶器被考古学家称为彩陶，彩陶大多是红色陶质的盆、瓶和盘等一类盛器，装饰纹样有两大类，一类是抽象的图案，另一类是具象的人和动物的形象。常见的抽象纹样有马厂型彩陶的折线纹（图3-1-1）和回纹，其中以人形纹（或称蛙纹）最有特色（图3-1-2）。除此之外，还有菱形纹（图3-1-3）。马厂型彩陶体现了人类审美早期偏向简练和刚劲的风格。辛店型彩陶常在双大耳罐上绘以双沟纹（图3-1-4），并往往在双沟纹的中间，饰以人物、小狗、五鹿（图3-1-5）或太阳（图3-1-6），罐颈饰以回纹。辛店型彩陶纹样与齐家文化晚期存在十分明显的继承关系，同时，其也吸收了不少马厂型彩陶的文化元素，足见早期的审美特征与继承性具有融合性。

图3-1-1 马厂型折线纹罐

图3-1-2 马厂型彩陶蛙纹双系壶

图3-1-3 马厂型菱形纹盆

图3-1-4 辛店型双沟纹双大耳罐

图 3-1-5　辛店型五鹿图彩陶壶　　图 3-1-6　辛店型彩陶太阳纹罐

早期的陶器都是手制的，到了龙山文化时期出现了轮制法。使用这种先进的制陶法，陶器的质量和形体都在审美性方面得到了提高，其外观比较规则和精美，器壁薄而均匀。随着文化的不断发展，还出现了旋压成型法、干压法和铸浆成型法等坯体铸造方式。原始社会的陶器中，模拟动物及人物形态的陶器更为精彩，模拟人体比较困难，所以只好先模拟人体的局部。如甘肃省东乡县出土的人头形陶器（图 3-1-7），甘肃省玉门市火烧沟出土的人足形陶罐（图 3-1-8），都是我国原始社会陶器的优秀作品。原始陶器模拟器物的典型作品，如 1958 年，陕西宇鸡北首岭出土的半坡型陶壶（图 3-1-9）是模拟船形的一件珍品。壶腹和壶底如舟形，壶口和颈好似船的桅杆。最有趣的是"船体"上还画有网纹，其既是船形壶的装饰，也标明了船的特征。

图 3-1-7　人头形陶器　　　　　图 3-1-8　人足形陶罐

第三章 生活美

中西方陶器从种类上看大致相同。从造型上看，无论哪一类陶器，它们大多都为敞口或小口，鼓腹，圆底、平底或尖底。伏尔加河－卡马河文化陶器的造型多为尖底、圆底和小平底的半蛋形器。一些研究者将陶器的造型特征及其演变和发展归纳为以下几点：球体的延续、球体的横向发展、球体的纵向发展、腹部相对收缩的造型等。

图 3 - 1 - 9　半坡型船形彩陶壶

现代陶艺诞生于改革开放以后的景德镇陶瓷学院。其要求，陶艺观念的不断更新和发展需要融合众多学科的艺术形态，采用适当的科技技术，继承古代陶艺凝聚泥土的深沉、水的灵气和气的飘逸，运用众多现代主义的观念和审美需求进行创作。作品《季节》（图 3 - 1 - 10）的创作者——美国的杰米·克拉克采用了最原始的捏塑的成型方式，作品口沿处浪漫的弧线让原本朴拙的形态变得轻盈而有灵气。

图 3 - 1 - 10　季节

作品《黑色大地》的创作者——加拿大的史蒂文·海恩门用印坯结合注浆的方式创造出具有鲜明个人风格的椭圆容器。与传统器皿制作考量外在形状和美感不同，海恩门关注作品所呈现类似龟裂大地的纹理及给人深刻的心理暗示。现代陶艺花瓶（图 3 - 1 - 12）因其朴拙的表皮质感和变化丰富的外形造型而深受大众喜爱。

图 3 - 1 - 11　黑色大地

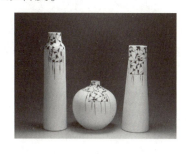

图 3 - 1 - 12　现代陶艺花瓶

近年来，日本的陶瓷器销量有增无减。陶瓷业发展规模逐渐扩大代表了人们对于日本陶瓷器的欣赏与认可，并且日本陶瓷器早已具有其民族特点，每件器具无一不体现"物哀美学"的特点。日本陶瓷器有色彩留白、材料质朴和造型残缺等特征，在颜色上极少有装饰，基本采用的固有色和材料也显得尤为质朴。最突出的特点是瓶口的不完整性与不规则性，即造型残缺，同时，也是"物哀美学"的核心体现。日本欣赏残缺美，相信"不完美"是对"完美"的一种升华，残缺美是一种更美的姿态，这与中国审美中的"圆满"与"完美"理念恰恰相反。

二、青铜器

青铜器的制作原料以铜为主，再加少量锡和铅浇铸而成，因其使器物呈现青灰色而得名。苏美尔文明时代雕有狮子形象的大型铜刀便是早期青铜器的代表。中国青铜时代开始于公元前2000年，经夏、商、西周、春秋、战国和秦汉的发展，历经15个世纪，兼具极其重要的历史价值和观赏价值。其中，商周时期的青铜礼器既有文化价值，又有极高的艺术价值，是青铜器的代表。

青铜器上的图纹装饰主要是怪兽，其中最多见的是饕餮纹与兽面纹。饕餮在民间传说中是一种贪食的恶兽（图3-1-13和图3-1-14），古代钟鼎礼器上多雕刻其头形作为装饰。夏、商、西周以及春秋战国时期的饕餮形象不尽一致。在此期间，青铜器制造数量

图3-1-13　饕餮纹青铜器

巨大，且精品众多，不仅满足了人们的基本生活需要，同时还被高度艺术化，给人以美的享受。

图 3 – 1 – 14　饕餮纹的组成

1—目；2—眉；3—角；4—鼻；5—耳；6—躯干；7—尾；8—腿；9—足

四羊方尊（图 3 – 1 – 15）是商朝晚期偏早的青铜礼器，为祭祀用品，是中国目前发现的商代青铜器中最大的方尊。四羊方尊在雕刻技术方面集合了线雕、浮雕和圆雕，将平面纹饰与立体雕塑融合在一起，并结合了器皿和动物形状，这种结合恰到好处，并以异常高超的铸造工艺制成。在商代的青铜方尊中，四羊方尊的端庄典雅是其他方尊无法比拟的。其造型简洁、优美天然、动静两宜，被称为"臻于极致的青铜典范"。龙虎尊（图 3 – 1 – 16）是商朝的青铜盛酒器，其肩部装饰着三条蜿蜒向前的龙，龙头突出肩外；腹部有一个虎头和两个虎身以作装饰，虎口之下含着一个人形的人头；虎身下方以装饰扉棱线为界，饰两夔龙相对组成的兽面；圈足上部有弦纹，并有十字形镂孔。龙虎尊是商代青铜器中与四羊方尊齐名的珍贵之品。鸮［xiāo］尊（图 3 – 1 – 17）为古代盛酒器，最早见于商代。鸮，俗称猫头鹰。鸮尊通体饰以纹饰，富丽精细。其喙、胸部纹饰为蝉纹；鸮颈两侧为夔纹；翅两边各饰以蛇纹；尾巴上部有一只展翅欲飞的鸮；尊口内侧有刻有铭文"妇好"二字。整个青铜器的造型是平面和立体的完美结合。

图 3 – 1 – 15　四羊方尊　　　图 3 – 1 – 16　龙虎尊　　　图 3 – 1 – 17　鸮尊

虽然青铜器皿的制作工艺已经非常厉害，但是由于其制作原材料比较稀少，价格昂贵，所以一般主要供宫廷使用。并且相较于现代器皿材质，青铜器器皿并不实用，所以青铜器皿的使用并未被保留下来。目前市面上的青铜器是仿古法制作的工艺品，并未广泛流传使用。

总的来说古代青铜器在夏商周时期的美学特征有以下几个方面。

（1）早期装饰纹样以饕餮纹、夔纹为主，后来逐渐变得丰富而活泼，甚至将社会生活画面直接绘成装饰图案。

（2）图案纹样多采用对称样式。

（3）装饰纹样多采用主纹与底纹相结合的样式。

三、玉石器

古人心目中的玉不仅包括真玉（角闪石），还包括蛇纹石、绿松石、孔雀石、玛瑙、水晶、琥珀和红绿宝石等彩石玉。中国的玉器有七千年的发展历史，经过无数能工巧匠的精雕细琢，经过历代统治者和鉴赏家的使用赏玩，经过礼学家的诠释美化，最后成为人们不可缺少的精神寄托，并打上了政治、宗教、道德和价值的烙印。这使玉石器皿蒙上了一层神秘的面纱。

中国人对玉情有独钟。玉石质地纯净，物性温润，色泽沉稳；其天生丽质的自然本质美，早在史前社会就被人们珍视。在长期使用玉器过程中，人们对玉自然本质美的认识不断深入升华，并逐渐赋予了玉以丰富的人文内涵。在原始社会，人们将玉制成琮、璧、璜龙、图腾神徽等精神寄托偶像——玉器成为原始宗教崇拜的神秘力量的载体。在奴隶制社会和封建制社会中，人们以玉比德，以玉象征高尚的君子品格，以玉显示高贵的身份、地位和权利。玉器所具有的自然本质和中国人赋予玉的文化内涵，使其成为中国人特殊的审美对象，从而形奠定了玉器在中国古代审美文化中的特殊地位和文化意义。基于这一文化背景，现代社会，玉器仍是在中国人收藏和鉴赏审美活动中备受重视的宠儿。

商代文明不仅以庄重的青铜器闻名，也以众多的玉器著称。商代出现了仿青铜彝器制成的碧玉簋（图3-1-18）、青玉簋（图3-1-19）等实用器皿。动物和人物造型的玉器数量大大超过几何形玉器，玉龙、玉凤、玉鹦鹉，神态各异，形神毕肖。

图3-1-18　商代碧玉簋

图3-1-19　商代青玉簋

中国玉器的鼎盛时期是明清时期，这一时期的玉质之美，琢工之精，器形之丰，作品之多，使用之广，都是前所未有的。明清皇室都爱玉成风。明清时期，玉质执壶的数量突然增多。只是从明代玉壶整体来说，玉质大多并不好，工艺相比清代也粗糙许多。清乾隆年间御制的白玉瓜棱式羊首掐丝珐琅提梁茶壶（图3-1-20）以和阗上等白玉雕琢而成，玉质细腻温润。壶身形似12瓣瓜形，壶盖与足亦均分12瓣。盖钮以多瓣瓜造型与壶身、壶盖层层相叠为宝塔形。另外的青玉鸳鸯卧莲云龙柄执壶（图3-1-21）也是这一时期的佳作。清代的菊瓣形玉盘（图3-1-22）属青玉，选用上等优质菠菜绿碧玉雕琢而成。盘作菊瓣形，瓣绽3层，每层28瓣，由内向外逐层放大，内留空圈为圆花蕊。盘胎雕刻得很薄，抛光技术卓越。

图3-1-20　白玉瓜棱式羊首掐丝珐琅提梁茶壶

图3-1-21　青玉鸳鸯卧莲云龙柄执壶

图3-1-22　菊瓣形玉盘

玉石器皿类是当代玉器行业中制作最费时和最难创意的。器皿的造型反映了人类文化审美的价值取向。玉器作品需要从玉料入手，如曾堂贵创作的玉器皿（图3-1-23）选用的是玉质纯净、玉色均匀的玉料。玉料角上方黄色正好雕刻两只栩栩如生的蜜蜂，整件作品浑然天成。玉雕器皿，大多兼具艺术性与实用性两种属性，如杨光创作的玉雕器皿（图3-1-24）既可把玩欣赏，又可实际应用。杨光创作的另一件作品（图3-1-25）脱胎于传统的青铜器，又融入现代简约美和人体美学元素，线条丰富，造型饱满圆润，更容易被现代审美所接受和欣赏。

图3-1-23 曾堂贵创作的玉器皿

图3-1-24 杨光创作的玉雕器皿

图3-1-25 杨光创作的另一件作品

四、瓷器

瓷器是由瓷石、高岭土、石英石、莫来石等烧制而成，外表施有玻璃质釉或彩绘的物器。瓷器的成型通过在窑内高温（1 280～1 400 ℃）烧制，表面的釉色会因为温度的不同而发生各种变化。

原始瓷器起源于3 000多年前。至宋代时，名瓷名窑已遍布大半个中国，宋瓷的地位在我国陶瓷历史上是无法替代的。当时，宋代五大名窑是汝窑、官窑、哥窑、钧窑和定窑。另外，比较有名的还有柴窑和建窑。元代在江西景德镇出产的青花瓷（图3-1-26和图3-1-27）成为瓷器的代表。青花瓷釉质透明如水，胎体质薄轻巧，洁白的瓷体上绘以蓝色纹饰，素雅清新，充满生机。青花瓷一出现便风靡一时，成为景德镇的传统名瓷之冠。青花瓷又名白地青花瓷，简称青花，青花瓷是用含氧化钴的钴矿为原料，在陶瓷坯体上描绘纹饰，再罩上一层透明釉，经高温还原焰一次烧成。钴料烧成后呈蓝色，具有着色力强、发色鲜艳、烧成率高、呈色稳定的特点。原始青花瓷于唐宋已初见端倪，成熟的青花瓷则出现在元代景德镇的湖田窑。明代，青花瓷成为瓷器的主流。清康熙时青花瓷的发展到了顶峰。明清时期，还创烧了青花五彩（图3-1-28）、孔雀绿釉青花瓷（图3-1-29）、豆青釉青花瓷、青花红彩瓷、黄地青花瓷和哥釉青花瓷等衍生品种。

图3-1-26 "萧何月下追韩信"青花瓷瓶

图3-1-27 青花凤穿牡丹纹执壶

图3-1-28 清康熙年间的青花五彩鱼藻纹粥罐

图3-1-29 元代孔雀绿釉菊花双凤纹大罐

与青花瓷同为四大名瓷的还有青花玲珑瓷。青花玲珑瓷（图3-1-30和

图3-1-31）是制瓷工艺中的珍品，是明永乐年间在镂空工艺的基础上创造和发展起来的，已有500多年历史。瓷工用刀片在坯胎上镂成点点米粒状（被人们称为米通，又叫玲珑眼），再填入玲珑釉料，并配上青花装饰，入窑烧制而成。青花玲珑瓷以其玲珑剔透、幽静雅致、精巧细腻和朴素大方的艺术特色，给人以清新明快之感，被人们推崇备至。

图3-1-30　清中期青花玲珑瓷水盂

图3-1-31　青花玲珑瓷碗

粉彩瓷（图3-1-32）和颜色釉瓷是在烧好的胎釉上施含砷物的粉底，涂上颜料后用笔洗开，由于砷的乳蚀作用而颜色产生粉化效果的瓷器。在众多的清宫廷粉彩瓷中，慈禧粉彩瓷简单率直，浓笔艳抹，富贵豪华而别具一格。红鸟牡丹富贵罐（图3-1-33）是其风格的经典之作。另外，还有雕塑瓷、薄胎瓷、五彩胎瓷等，均精美非常，各有特色。

图3-1-32　清代粉青釉描金镂空开光粉彩荷莲童子转心瓶

图3-1-33　清代红鸟牡丹富贵罐

现代陶艺与传统陶艺的主要区别是它从过去符合实用加审美的原则走向满足纯粹的审美需求与情感表达的需求，扩充了传统陶艺的审美范畴，除把粗砺、残缺和怪异的观念引入陶艺外，还把特殊的烧成方式以及个性化的材料把握所演化出具有个人视觉符号的特点引入陶艺。在这样的前提下，陶艺的技术不会因为实用功能的消失而减弱，反而由于个性化技术的提倡而变得复杂和多样化，即从过去单一的被广泛审美认同下形成的普遍技术转变为具有个人符号的个性化技术。随着时代的更新和人们艺术思维水平的提高，陶艺慢慢发展成今天材料与想法的艺术结合。

所谓现代陶艺，是指艺术家借助陶瓷材料，或以陶瓷材料为主要创作媒体，远离传统实用性质的观照，表现现代人的理想、个性、情感心理、意识和审美价值的作品形式。这种审美价值重视挖掘的主要不是客观世界，而是现代社会中人的内心世界。现代陶艺重视新的表现方法和新的表现形式，将暗示、隐喻、象征、联想和意象等手法视觉化，表现人的意识的流动和对这个世界与社会的多种认知。现代陶艺在中国又被称为"观念陶艺""前卫陶艺"。关于它的特点，陶艺家白明是这样表述的："其不仅仅带给人观念上的改变，也是设计意识形态的转变，是表现现代人的理想、个性、情感心理、意识和审美价值的作品形式。"目前在中国，不论是古典的还是现代的、实用的或非实用的、量产的或是探索类的前卫陶瓷作品，皆被冠以"陶艺"之名，但是我们也应该看到"陶艺"是个外来概念，并不仅是人们认为的"陶瓷艺术"的中文简称。并非凡是用陶瓷材料制成的东西都算陶艺。

五、珐琅器

珐琅器是以珐琅为材料装饰而制成的器物。珐琅又称佛郎和法蓝，是由中国隋唐时古西域地名拂菻音译而来的。珐琅是一种装饰材料，被广泛地应用于金属、陶瓷以及玻璃等材质表面的装饰。其基本成分为石英、长石、硼砂和氟化物，与陶瓷釉、琉璃和玻璃同属硅酸盐类物质。依据具体加工工艺的不同，其又可分为掐丝珐琅器、錾胎珐琅器、画珐琅器和透明珐琅器等几个品种。

清早期的珐琅器以康熙年间（图3-1-34~图3-1-36）为代表，

不仅釉料新增了鸡血红、苹果绿、茄皮紫等颜色,而且明代烧蓝后所遗留的问题(如砂眼多、填料不满和缺乏光泽的弊病)也都得到了有效解决。随着清代金属掐丝水平的提高,极细的铜线在工匠们的手中变化自如,如龙、螭、夔、凤等纹样都可以使用双钩线的方法表现出来,凸显细腻。

图3-1-34　掐丝珐琅瓶(清康熙年间)　　图3-1-35　掐丝珐琅香炉(清康熙年间)

康熙从西方引进画珐琅(图3-1-37~图3-1-39)工艺技术是对中国珐琅器又一里程碑式的贡献。这种工艺是以彩画直接绘于铜胎体表面的形式替代原本用珐琅釉料填色的。通过这种形式的变化,华美艳丽的图纹填色时不再需要受到金属线框的束缚,而是大胆奔放地展现在世人眼前。

图3-1-36　掐丝珐琅盘
(清康熙年间)　　图3-1-37　画珐琅花卉五楞式盒
(清康熙年间)

清乾隆年间,透明珐琅(图3-1-40~图3-1-42)逐渐兴起,在金属胎上錾出浅浮雕,再罩以全透明或半透明性质的珐琅釉,经烧制后,因图案线条粗细深浅不同而形成视觉上明暗浓淡的效果。

第三章 生活美

图 3-1-38　铜胎画珐琅蓝底开光西洋人物图双耳瓶（清康熙年间）

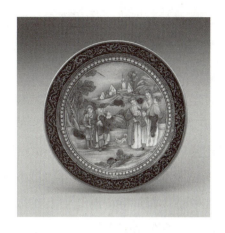

图 3-1-39　画珐琅西洋人物碟（清康熙年间）

图 3-1-40　珐琅彩炉
（清乾隆年间）

图 3-1-41　珐琅彩菊花纹罐
（清乾隆年间）

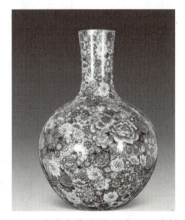

图 3-1-42　珐琅彩花卉纹天球瓶（清乾隆年间）

珐琅在古代欧洲独放异彩，至近现代，使用范围已广及世界。珐琅作为一种釉料被应用到艺术品创作中，无疑是人类一项伟大的发明。中世纪末期的欧洲，在经历了近千年的封建社会的黑暗统治后，基督教成为封建统治的有力支柱和人们精神生活的主宰。纵观欧洲美术史，中世纪似乎是一个低落阶段，但工艺美术则是例外。可以说，无论是制作工艺还是装饰手法，都获得了某些发展，尤其是珐琅工艺，显得颇具特色。其中心地是法国西南部和拜占庭，此时期珐琅器制作的特点是不局限于珐琅本身，而是将金属与宝石镶嵌工艺结合运用。中世纪工艺美术的特点也不可避免地带有鲜明的宗教性质。

现代珐琅在原有工艺的基础和理念上进行创新，既要保留传统特点，又要融入现代的审美设计，以此促进该技艺更深层次的发展，并且满足现代社会的审美需求。现代珐琅如图3-1-43所示。

图3-1-43 现代珐琅手镯

六、玻璃器皿

玻璃，在我国古代又称作琉璃。玻璃器皿在我国连绵不断几千年，从战国到明清时期几乎不间断。清康熙三十五年，北京出现大规模的琉璃厂，在此期间，玻璃器皿的品种丰富多彩，造型与装饰也有所变化。其中料仿玉、翡翠、玛瑙和珊瑚等制成的瓶、碗、鼻烟壶和鸟兽器皿等，颜色逼真，具有独特的风格和韵味。

白玻璃水丞（图3-1-44）由透明玻璃吹制而成。其外围八个切面似莲花花瓣围绕一周，底的表面切成六角形连锁纹，器皿底部阴文篆书"康熙御制"四字款。蓝透明玻璃八棱瓶（图3-1-45）已经具备现代审美特征，细长颈，鼓腹，圈足；通体呈现透明宝蓝色，光滑无装饰；外底中心镌双方栏，内双直行楷书"雍正年制"四字款。透明玻璃戗金盖碗（图3-1-46）通体由五色玻璃制成，盖及碗外壁纹相同，均阴刻戗金如意云头纹和蕉叶纹。玻璃戗金是清乾隆年间出现的新的玻璃工艺品种，为皇家御用生活用品。

图3-1-44　白玻璃水丞　　　　图3-1-45　蓝透明玻璃八棱瓶

随着技术的不断发展，现代玻璃已经成为日常生活中的普通用品。匠人们利用娴熟的吹制、刀法深浅转折配合等工艺，表现出玻璃的质感，使玻璃上绘画的图案显得丰富灿烂。荷叶造型玻璃果盘（图3-1-47）仿真实的荷叶造型，技术的娴熟使得形态逼真，荷叶纹理清晰，形态生动，放在家中能够增加生活的乐趣。彩色玻璃花瓶（图3-1-48）为现在常见的渐变色花瓶器皿，造型圆润，色彩过渡鲜明，在阳光的照射下，就连影子也变得分外五彩斑斓。玻璃不仅呈现出了其本身的色彩，还能够在其上面用热定型漆绘制图样，加入各种丰富的配色，每件玻璃容器（图3-1-49）都是独一无二、美轮美奂的。

图3-1-46　透明玻璃戗金盖碗　　　　图3-1-47　荷叶造型玻璃果盘

图3-1-48 彩色玻璃花瓶

图3-1-49 玻璃绘画茶具

玻璃器皿有着自己独特的风格和韵味，所以在这几千年的时间里，能工巧匠们以玻璃为载体，通过它创作出形态丰富、造型有趣、颜色绚丽的众多艺术品，为人们的生活增添了视觉上的享受，以此达到心灵的愉悦。

七、木器皿

木器，取材于自然，有独特的纹路与肌理，用于盛放食物，置于餐桌上。在中国古代，已经存在的木器称为"案"。案是古代盛放食物的木盘，但木质如果不经过特殊处理，那么非常容易腐烂，所以留给我们考证的古代木器并不多，留下来的多是表皮经过加工处理的木器。长沙市马王堆一号汉墓出土过一套西汉彩绘漆食案（图3-1-50），斫木胎，长方形，平底，底部四角有高度仅为二厘米的矮足，案内髹红、黑漆地各二组，黑漆地上彩绘红色、灰绿色云气纹；内外壁黑漆地上绘红色云气纹；器底髹黑漆，红漆书"软侯家"三字。出土时，案上放着五个盛着食物的小漆盘、两个酒卮和一个酒杯。明代老木碗（图3-1-51）形制与现代木碗无异，没有过多的雕琢，虽然年代久远，但其简单的木质纹理还是能够被辨别出来的。

图3-1-50 西汉彩绘漆食案

木器皿（图3-1-52~图3-1-54）使用天然的优质木材制成，表面通常使用透明环保植物漆工艺，所以既能够保持原材料天然的清晰木纹，又不易被打破，具有防火、耐高温等的实用漆器优点，集实用性与观赏性于一体。保留天然纹理的木器皿，厚重敦实，不怕摔，触感温和，夏天不烫手，冬天不冰手，用于盛放食物更是妙不可言。

图3-1-51　明代老木碗

图3-1-52　现代木器餐具套装

图3-1-53　现代木器果盘

图3-1-54　现代木器艺术品

使用天然原木制作的木器皿，表纹细腻，体轻质固，细嗅之淡淡清香入鼻，亦可让餐桌增添一分艺术气息，而木碗在藏民眼中是情人。西藏古老的歌谣中有一句歌词是这样的："丢也丢不下，带也带不走，情人是木碗该多好，可以揣在怀里头。"一只小小的木碗（图3-1-55和图3-1-56）对藏民来说，却是生活和情感的依托。藏族是一个游牧民族，居所的流动性大，不方便使用易碎的陶瓷碗和贵重的金属碗，木碗轻便、结实、耐用且盛食物不改味、盛开水不会裂、摔地上不会破、不烫手也不冰手，深受牧民的欢迎。渐渐地，木碗成了一种装饰，古代的官员，都会将木碗随身携带，挂在腰间，其既为装饰品，又是身份和官阶的象征。

图 3-1-55 藏彩绘木碗

图 3-1-56 藏木碗

人们对于木质器皿的要求不仅满足于其本身的实用功能，更多的是满足审美需求以及对天然材质的向往。

八、金属器皿

金属器皿又称为皿金，主要有铁质、锑制、铝制和不锈钢制的，古时候还有金制、银制、锌制和铜质等。人们用它们来盛放、贮藏和烹调食物，但若使用不当，则对人体就会造成不良的影响，所以在使用之前必须了解金属器皿的性能并合理使用。

最早的金制器皿出现在公元前5000年的古埃及，最早的银制器皿则出现在公元前4000年左右的美索不达米亚。早在中国3000余年前的商周时期也已经出现了金制器皿，到了西汉时期，铁在生活器皿中也被广泛使用。早期，贵族使用金银器皿较多，并且金银器皿经历了秦汉时期的繁荣发展，也融入了魏晋南北朝时文化交流带来的异域风情，在唐代（图3-1-57）形成了绚丽多姿、优雅活泼的独立风格。明清时期的金银器皿讲究美观与精细，但刻意的华丽浓艳反而使整体显得烦琐，因此在金银器皿上镶嵌珍珠、宝石，同时金

图 3-1-57 鎏金舞马衔杯纹银壶（唐）

银工艺也与木艺、玉器工艺结合，在精雕细琢的高超工艺与富丽堂皇的整体装饰下，一系列奢华的金银器皿（图3-1-58和图3-1-59）被创作出来。

图3-1-58　金錾刻纹酒具

图3-1-59　金镶宝石盒（清）

随着冶炼技术的不断发展，现代金属器皿造型有无限的变化。来自伦敦的年轻艺术家安迪·托克运用银这种材质，创作了一系列的金属器皿并命名为《触觉》（图3-1-60），旨在当触摸到器皿表面的时候能够发现隐藏在材质之间的声音和音调。她将音乐的韵律感渗透在作品中，并融入了听觉、视觉和触觉多方面的感官审美。调味瓶（图3-1-61）是使用陶瓷工艺和金属工艺创作的一件作品，风格简约，盖头处是有趣的人物头部造型，不论是从造型还是材质而言，都是一件不失风雅可爱的生活实用艺术品。

图3-1-60　触觉

图3-1-61　调味瓶

九、塑料器皿

塑料器皿是指利用食用级 PP 材料制作的无毒无害的器皿，要求可以放入微波炉直接加热，容易清洗，表面光滑。早在 19 世纪以前，人们就利用沥青、松香、琥珀和虫胶等天然树脂创作塑料品种，但当时的塑料是不能够作为器皿使用的。塑料的发现和利用被称为 "20 世纪影响人类重要的发明" 而被载入史册。塑料器皿的优势在于可以大规模生产，且相对轻巧、便于携带。塑料具有耐腐蚀性和良好的绝缘性和绝热性，并且不易损坏，所以如今，很多供儿童使用的器皿往往是塑料材质的。塑料创意卡通儿童饭盒（图 3-1-62）不仅时尚轻巧，而且可爱的动物造型能够增加宝宝吃饭的食欲，价格低廉、不易摔碎、造型活泼可爱，是宝宝餐具

图 3-1-62　塑料创意卡通儿童饭盒

的不二之选。除了孩子的餐具多考虑塑料材质，很多品牌为了在造型、色彩和设计上吸引用户，也往往会采用形象丰富的塑料材质，如星巴克双层冷饮杯（图 3-1-63）、双层可替换广告纸塑料杯（图 3-1-64）等。

图 3-1-63　星巴克双层冷饮杯

图 3-1-64　双层可替换广告纸塑料杯

塑料作为支撑当今社会快速发展的一大材料类别,在满足其应用功能的基础之上,追求造型之美无疑会成为永远的主题,并且技术的开发还要求其美的特征能够在历史的长河中经久不衰。

十、现代可食用餐具

2016 年,印度的 Bakeys 公司推出了一款可食用勺子(图 3-1-65),卖点就是环保。该勺子的原料是高粱。这类可食用餐具,就是一种吃完东西之后可以直接吃掉的餐具。按照不同加工工艺以及使用的原材料的不同,可食用餐具又可以分为淀粉型可食用餐具、蛋白质型可食用餐具、植物纤维型可食用餐具和天然生物型可食用餐具等。其最大优点在于减少塑料餐具对环境的污染。除了印度,2019 年日本岐阜县的一家店铺也推出了一款盛咖啡用的可食用杯子(图 3-1-66),喝完咖啡后可以把用饼干做成的杯子吃掉,一时间吸引了来自世界各地的游客前来购买。

图 3-1-65　可食用勺子

图 3-1-66　可食用杯子

从器皿之美本身而言,可食用餐具虽然造型的多样化还有待发展,但其为人们增加了前所未有的味觉体验,同时,还可以宣传环保理念,有自然之美。

第二节　饮食美

素材九

人类在早期的祭祀活动中以食物为祭品，饮食与宗教、政治、仪式的隐喻关系从人类文明出现开始就存在。在中国文化中，饮食是一种文化、一种艺术，甚至是哲理和思想的体现。通过饮食，人们不仅能够感受到生活的轻松舒适，而且还能够提升对生活的热爱之情。

一、食之美

食物烹饪是一门综合艺术。食物巧妙的颜色搭配、令人开胃的气味、摆盘的形状和有独特蕴意的名字，以及盛装美食的器皿、进食的外部环境等，都是食之美的重要组成部分。正所谓色、香、味、形、意、境俱全。因此，食物的美感远不局限于尝起来的口感，而应该具有综合的美感体验。

1. 本味与调和

每种食物的原材料都有其本来的味道，原材料本身具有的酸甜苦辣咸，是大自然赐予人类味觉最棒的礼物，所以要让食材充分保留自己本身的味道。味道原本鲜美浓重的只宜独煮，如黄鳝、甲鱼（图3-2-1）、螃蟹等，不能过多搭配其他食材，以保持其原味。

在保持本味的基础之上，适当地调和佐料可以起到去腥、提鲜等作用。酱有甜咸清浓之分，油有荤素清香之分，酒有米果酸甜之分，醋有化学粮食之分。很多人喜欢以鳝鱼作菜或汤。鳝鱼不仅口感新鲜细腻，并且含有大量的营养成分，但是在做黄鳝汤或者炒黄鳝（图3-2-2）时，不能使用生姜或者黄酒去腥，否则会使食材腥味难闻，令人难以入口。调料不必浓厚，适当即可。

图 3-2-1　甲鱼汤

图 3-2-2　炒黄鳝

2. 颜色与气味

颜色若能"净如秋云，艳胜琥珀"，那么食物一端上来，眼睛看到的和鼻子闻到的要比舌头尝到的早一步打动食客的心。诱人的颜色、丰腴的香气（图 3-2-3 和图 3-2-4）不仅能够增加食客的食欲，也能够给人视觉和嗅觉的美感享受。一方面，适当进行科学烹饪，可使食材本身的颜色和香气得到完美显现；另一方面，与其他食材的搭配，可使食物的颜色和味道更加可口。

图 3-2-3　西红柿炒鸡蛋

图 3-2-4　北京烤鸭

3. 时令与时间

时令是指食材要新鲜并符合时节，如萝卜过时则心空，山笋过时则味苦，荠菜过时则叶老。如在菊花盛开的秋天，吃阳澄湖大闸蟹（图 3-2-5）正当时，在农历九月一般选择吃雌螃蟹，因为那时候的雌螃蟹已经成长得差不多了，而雄螃蟹尚未到非常饱满好吃的时候，所以"九月吃雌、十月吃雄"是美食爱好者必备的常识。

时间是指火候要准时，如果火候不对，那么原本鲜嫩可口的肉就会变得太柴而不易咀嚼；如果烹煮时间不够，那么就会使一些带有毒素的生食材被食客误食，引发中毒等症状。如新鲜的生金针菇（图3-2-6）中含有秋水仙碱，食用之后容易在人体内产生有毒的二秋水仙碱，大量食用会出现中毒症状，因此在烹饪食物时，一定要做到火候的准确。

图3-2-5 阳澄湖大闸蟹　　　　　图3-2-6 生金针菇

4. 寻常

寻常是指食材是普遍的和随处可见的，不要去追求野味、追求奇珍，也不要去偏信谣言，如"吃什么野生动物可以补什么"，人类从古至今圈定的可食食物都是有依据的。

选择寻常、普通的食材经过烹饪工艺就足够满足人类的口腹之欲了，约束好我们的胃，管好我们的嘴，不要再想着吃一些不寻常的野味了，寻常也是一种美。

5. 美器及环境

古人说："美食不如美器"。另外，还有人说："人靠衣装马靠鞍"。食物也是如此，当美食与精美的餐具、优雅的环境搭配起来，那么给人的心灵愉悦感就能够上升一个层次。精致的餐具（图3-2-7）和好的就餐环境（图3-2-8）往往可以提升人们享用食物的心情以及对食物的欲望。

第三章 生活美

图 3-2-7 竹器皿盛放肉笋卷

图 3-2-8 花园餐厅

二、饮之美

《后汉书·襄楷传》用"甘肥饮美,单天下之味"来形容喝美酒。时至至今,美饮不单指美酒,还可以泛指茶、咖啡和可可等。饮之美不仅体现在味觉的享受过程,还体现在其过程中的礼仪风范和样式等。

1. 茶艺

饮茶虽然是中国人的日常习惯,但茶艺是来源于生活,又高于生活的。它融合了传统文化和艺术领域,并形成其独具特色的茶文化。茶艺是研究如何泡好以及饮用、享受一杯茶的艺术。

(1) 音乐

音乐,主要为茶艺表演时使用。其可以使整个茶艺过程更加有韵律,给观者以美好舒适的听觉体验。中国茶艺主要选择以《春江花月夜》《高山流水》《梅花三弄》《霓裳羽衣曲》《雁落平沙》《三叠阳关》和《广陵止息》等古筝、古琴演奏的中国民族音乐为主,以适合中国传统茶文化的主题。一般在会客时的茶艺活动中,不必一定选择这些音乐,也可选择主客喜欢的其音乐为背景音乐来渲染氛围。

(2) 服饰

服饰,主要也为茶艺表演时使用。根据茶艺主题设置的不同,应该选择不同的服饰以增加表演形式上的视觉美感。在中国茶艺表演(图3-2-9和图3-2-10)的过程中,服饰以汉服、唐装、旗袍和现代茶人服为主。平时的茶艺活动对服饰没有要求,休闲舒适即可。

图 3-2-9　茶艺表演 1　　　　图 3-2-10　茶艺表演 2

(3) 礼法

礼法，是茶艺过程中最基础的要求。礼法最核心的是"尊重"二字。这种尊重不仅体现在泡茶者的容貌、姿态（图 3-2-11）、风度和礼节之上，而且还表现为对茶的尊重、对水的尊重、对器的尊重（图 3-2-12）、对人的尊重、对道的尊重、对自然的尊重和对世间万事万物的尊重。只要有一颗谦卑之心，我们就能更好地体会茶叶品鉴心得，增进与别人的友谊、美心修德，领悟中华茶道精神。

图 3-2-11　端茶要得法　　　　图 3-2-12　茶具要清洁

(4) 交流

品茶过程中主客之间免不了会有交流。首先，在一款茶头一泡的过程中，主客之间不需要有过多的语言交流，应多用眼神和肢体语言进行交流。二、三泡后，主客之间可以相对安静地彼此交流，互谈心得。广义的茶事活动可以分为两大部分：第一部分以茶艺活动为主，主题为茶；第二部分以事务或情感交流为主，可以漫聊畅谈，增加主客之间的情感。茶事活动是改变现代社会以手机为核心的生活行为习惯的一个很好的载体，可以帮助人们放下手机，增加彼此之间面对面的情感交流。

有了安静优雅的茶环境以及对茶事的尊重的谦卑之心,多从事各种茶艺品鉴交流活动,我们都会渐渐领悟中国茶艺的精神和内涵,使心胸更豁达,生活更美好。

2. 酒道

在古代,饮酒就已经有了一套大家必须遵守的礼节,但因为饮酒过量会导致风度尽失,所以酒德、酒礼、酒品显得非常重要。酒道考究的不仅是酒文化本身,还有人们在举杯之际以文雅言辞表达情感的过程。饮酒的过程,让饮酒者不仅可以品尝美酒,而且还可以享受感官和精神的愉悦。

(1)酒德

"酒德"两字,最早见于《尚书》和《诗经》,其含义是指饮酒者要有德行,不能像夏纣王那样"颠覆厥德,荒湛于酒"。

量力而饮(图3-2-13),即饮酒不在多少,贵在适量。要对自己的饮酒能力有大致的把控和估量。此外,还不可以劝酒(图3-2-14),如果过度劝酒导致对方发生人身损伤,那么劝酒人是需要承担责任的。因此千万不能过量饮酒或嗜酒成癖,饮酒时要注意自我克制和节制有度。

图3-2-13　量力而饮

图3-2-14　不劝酒

(2)酒礼

"酒礼"即饮酒时需要遵守的礼仪,不然会弄得宾主无法尽欢,还会尴尬。因为饮酒过量,便不能自制,容易生乱,所以制定酒礼很重要。

在酒宴上,主人要向客人敬酒,客人也要回敬主人,而且敬酒时还要说上几句敬酒辞。客人之间相互也可敬酒,有时还要依次向人敬酒。敬酒时,敬酒的人和被敬酒的人都要"避席"、起立,普通敬酒以三杯为度，社交酒礼和聚餐酒礼如图3-2-15和图3-2-16所示。

　　随着时代的变迁和民族的多元化，酒文化所衍生出来的饮酒习俗也越来越丰富多彩。酒越来越与民俗密不可分，诸如在农事节庆、婚丧嫁娶、生日满月、庆功祭奠和奉迎宾客等民俗活动中，酒都必不可少。酒的存在使人们的生产和生活变得生动活泼、姿态万千。

图3-2-15　社交酒礼

图3-2-16　聚餐酒礼

（3）酒品

　　当今社会，在很多酒场上常常见到这样的情况，为了将酒桌上的气氛调动起来，有些人见谁就与谁碰杯，谁让他喝多少就喝多少，目的是大家高兴气氛好，让大家吃喝得高高兴兴，通常将酒桌上的气氛调节得轻松活泼，宾主尽欢，一起度过欢乐祥和、气氛融洽的几个小时。这就是酒品好的人所营造的愉悦舒适气氛，使大家开心愉悦。虽然如此，酒品好的人也必须学会自我控制，不能盲目饮酒，防止喝得太多而醉态百出、错话连篇，更或者是狂躁不安、出口伤人，最终落得酒风不好的名声。

　　除此之外还有一种人，在酒桌上咄咄逼人，频频对别人敬酒，但却自以为聪明地将喝到嘴里的酒再悄悄地吐到茶杯里或纸巾里，更有甚者将杯子里的酒换成白开水。这些人往往十分理智，并且保持着清醒的头脑，或许他们还会对喝醉酒的人露出鄙夷的神态，指手画脚、评头论足。这种人看似很有风度，可是他们的酒品却令人不敢恭维。

　　当今社会，大家的工作和生活都十分繁忙，平日里见面的机会越来越少，通常只是相互间打个电话或者最多在微信上聊上两句。为了缓解工作和生活压力，排遣孤寂，大家无事相约喝几杯，或者在公事酒宴上也常常借助酒来拉近彼此之间的关系，以促进工作的发展。酒道，本身就是一种在享用美酒之时的文明之举。古人以礼为要，以令（诗词）为趣，而现代人在酒场上也同样需要注意酒礼，在与人碰杯之间妙语横生，感受超乎酒之外的精神享受。

3. 咖啡拉花

在世界各地，人们越来越喜欢品尝咖啡。作为饮品，咖啡的口味和花样也逐渐增多。无论在家里还是办公室或是各种社交场合，人们都在品味着咖啡，欣赏着衍生出来的咖啡拉花艺术。咖啡逐渐与时尚和现代生活联系在一起。

（1）咖啡文化

咖啡文化（Coffee Culture）是一种文化。"咖啡"一词源自希腊语"Kaweh"，意思是"力量与热情"。人们日常饮用的咖啡是由咖啡豆配合各种多样的烹煮器具烘焙而成的。

有关咖啡的起源众说纷纭。其中有一种说法是咖啡起源于埃塞俄比亚，同一时期，埃塞俄比亚的邻国——也门，也在种植并且饮用咖啡。也门利用其独特的气候条件和地理位置开始生产特点鲜明且风味独特的咖啡。咖啡的贡献不仅仅是促进了贸易，还增进了人与人之间的社交关系。大多数中国人觉得这种舶来品是一种提神醒脑的好工具，而对于欧美国家的人来说，咖啡则是他们日常生活中不可缺少的饮品。不同地区对于咖啡口味的审美有其独到的见解，由此产生了属于各地区独一无二的咖啡文化。

如果去法国，那么一定要品尝他们的欧蕾咖啡（法语是 Café au lait，意思是加入大量牛奶的咖啡）很多人认为拿铁咖啡（图 3-2-17）和欧蕾咖啡（图 3-2-18）区别不大，但实际上它们大有不同。拿铁咖啡的做法主要是把牛奶倒入咖啡中，而欧蕾咖啡却是采用将牛奶和咖啡同时注入以完成它们在第一时间的相互碰撞。这个步骤却能制造出与拿铁咖啡大不相同的口感，这种冲撞不仅让欧蕾咖啡的口感更为浓郁香滑，同时，也完美体现了法国人的浪漫情怀。

图3-2-17 拿铁咖啡　　　　　　图3-2-18 欧蕾咖啡

如果去澳大利亚，那么一定要品尝他们的平白咖啡（Flat White）。在国内，平白咖啡又被称为馥芮白咖啡（图3-2-19）。澳大利亚的咖啡发展得比较成熟，所以就连品牌文化非常完善的星巴克都没有办法在澳大利亚本土很好地经营下去。在澳大利亚，人们对于咖啡有不同见解，每一家咖啡馆（图3-2-20）都有属于自己的一套咖啡豆烘焙秘方。澳大利亚对于咖啡文化的审美不在于店面装修和拉花的精致度，而在于咖啡豆烘焙的手法和品味咖啡时候的情调。一杯好喝的澳大利亚平白咖啡中的奶泡轻薄细腻，风味稠厚，让人口齿留香。

图3-2-19 馥芮白咖啡　　　　　　图3-2-20 澳大利亚街头咖啡馆

如果去意大利，那么一定要品尝被世人称为"咖啡之魂"的意式浓缩咖啡（Espresso）（图3-2-21和图3-2-22）。对于本地人来说，如果一家咖啡馆中没有意式浓缩咖啡，那么它一定不是一家好的咖啡馆。正宗的意式浓缩咖啡上会有一层紧凑、纹路非常好并且持续时间很长的厚泡沫，而当地人判断咖啡好坏的标准在于有没有"虎斑"。好的意式浓缩咖啡，味道扎实浓稠，并且有丰富的回韵感。

第三章 生活美

图 3-2-21 意式浓缩咖啡　　　图 3-2-22 咖啡豆不同研磨状态下的意式浓缩咖啡

(a) 适度研磨；(b) 不充分研磨；(c) 过度研磨

（2）咖啡拉花的起源

关于咖啡拉花的起源，一直没有十分明确的文献记载。咖啡拉花是在原始的卡布奇诺或拿铁上做出叶子或其他图案（图 3-2-23 和图 2-2-24）的工艺，拉花所展现的创新技巧、图案以及高难度专业技术都大大震撼了当时的咖啡从业者和受众，可以说咖啡拉花一开始的出现就受到万众瞩目，所有人都被咖啡拉花神奇而绚丽的技巧以及精巧的图案所吸引。

当时的咖啡拉花，注重的大部分都是图案的呈现，但经过长久的发展和演进后，咖啡拉花不只在视觉给人以美好的享受，牛奶的绵密口感与融合的方式与技巧也一直不断地改进，进而在整体味道上达到色、香、味俱全的境界。

图 3-2-23 叶子图案咖啡拉花　　　图 3-2-24 精致的猫咪图案咖啡拉花

（3）咖啡拉花表演

在欧美国家和日本的很多专业咖啡书籍中提到一种叫作"Latte Art"的拉花基本技术。更有许多的咖啡相关书籍是直接以咖啡拉花作为封面图案进行设计以作为咖啡专业代表的。目前，咖啡拉花已经成为各种咖啡比赛的必考专业技术。

· 111 ·

每年的美国"Coffee Fest"（美国咖啡展）都会举办"The Millrock Latte art Competition"的世界咖啡拉花比赛（孙磊参加世界咖啡拉花比赛的作品——猴子捞月如图3-2-25所示）。这个比赛聚集了来自世界各地的咖啡拉花高手，他们在比赛中展现各种创新图案及熟练的技巧。在素有"咖啡界的奥林匹克大赛之称"的世界咖啡师大赛（World Barista Competition，WBC）中，咖啡拉花更是选手们必备的专业技术，各个国家选手都会在比赛过程中的卡布奇诺项目中展现自己高超的拉花技巧。由此可见，咖啡拉花在咖啡界的重要性及专业性。

图3-2-25　孙磊参加世界咖啡拉花比赛的作品——猴子捞月

咖啡拉花分为两种工艺：咖啡拉花（图3-2-26）和咖啡雕花（图3-2-27）。拉花就是将带有奶泡的牛奶倾倒入浓缩咖啡中，使两种泡沫混合形成的图案，然而雕花则顾名思义就是用咖啡拉花针将多余的奶泡或巧克力酱在咖啡表面上勾画出更为细腻的图形。现在的咖啡雕花艺术可以画出较为复杂的真实人物脸部或卡通漫画人物。

图3-2-26　咖啡拉花

图3-2-27　咖啡雕花

4. 健康果蔬汁

水果和蔬菜具有非常强的抗氧化能力，也是天然的解毒剂。其不仅能够对对皮肤起到美容保健和护理作用，而且能够对身体进行调节，使内在气血调和，达到延缓衰老的目的。如今，用天然的果蔬汁进行食疗美容的观念已被越来越多的人所接受和推崇。

(1) 健康理念

目前，市面上的果蔬汁主要分为纯果汁和混合蔬果汁两大类。顾名思义，纯果汁的原料是单一的水果，而混合蔬果汁的原料则是多种不同的蔬菜和水果。有些果汁是由浓缩汁加水调配而成的，而有些果汁则是不另外加水的纯果汁。通常来说，纯果汁的价格稍贵，而由浓缩汁加水调配而成的果汁则较为便宜。有一些果汁（如橙汁）会有带果粒和不带果粒的分别。消费者可以根据自己的喜好和口感选择购买不同种类的果汁。

依托全网大数据，根据品牌评价以及销量，2020年，浓缩直饮果蔬汁排位前十名的品牌分别是统一、汇源、新的、美汁源、老金磨方、阳光味道食品、卡依之、纤手食品、曼乔和百点。其中汇源、新的和老金磨方品牌的产品分别如图3-2-28～图3-2-30所示。它们的品牌理念都离不开健康，突出产品的绿色和时尚特色，把健康的理念传递给千家万户。

图3-2-28　汇源浓缩果汁

图3-2-29　新的浓缩果汁

图3-2-30　老金磨方蔬菜冲剂

（2）健康饮法

并不是所有果蔬汁都能够起到健康养身的效果，因此在榨汁之前需要选择新鲜的水果蔬菜，新鲜的水果蔬菜营养价值高，比存放时间久的水果蔬菜所富含的维生素更多。除此之外，自己制作果蔬汁的时候一定要将水果蔬菜彻底清洗干净（图3-2-31）。另外，水果蔬菜外皮也含营养成分，应尽可能保留外皮食用，但为了避免喝到残留的农药和虫卵，一定要注意清洗干净，可以在洗净过后在用含盐温开水浸泡数分钟。不要以为市面上购买的果蔬汁都很新鲜，除非是鲜榨果蔬汁，果蔬汁放置太久，因接触空气，维生素会受损。以苹果汁以例，如果长时间暴露在空气中，那么颜色会发黑，即氧化（图3-2-32），营养价值会变低。

图3-2-31　清洗水果蔬菜

图3-2-32　氧化前和氧化后的苹果汁

早上喝的果蔬汁，是人们一天的精力来源，营养价值最高；但要避免晚上睡觉前喝果蔬汁，否则会增加肾脏的负担，对身体有害。果蔬汁虽是液体，也要一口一口、与口腔中的唾液混合后再喝下。这样才容易在体内被完全吸收，千万不要像喝汽水一样大口喝下。若纤维渣过多，可用过滤器滤掉一些，纤维渣则可倒入汤中，或在自制面条、蛋糕、松饼时加入，千万不要浪费。

因为糖分解时，会消耗很多的维生素 B_1 及 B_2，如果打出来的果蔬汁不可口，那么可以加些蜂蜜，改变风味；若口味太浓，可以加矿泉水稀释。要吃各色水果蔬菜，兼顾维生素 C、E、A 和 B 族，敢于尝试新口味，不妨从食谱中自己不断寻求变化；不要只吃一两种水果蔬菜，各种水果蔬菜的营养不同，不要偏食某几种，否则仍会造成营养不均衡。

健康的饮用习惯离不开四大原则。首先，自制纯果汁时千万别贪图方便而直接选用市面上现成的含有其他成分的果蔬汁饮料，以免不当成分对身体造成暂时性或累积性伤害；其次，勿过量饮用，严格控制每日果蔬汁摄入总量，切勿因饮用过量而衍生各种长期性疾病，尤以肥胖、营养不良及肠胃不适为主要表现症状；再次，管住自己的嘴巴，不能够将果蔬汁当成水喝，树立正确的液体摄取观念；最后，仍然要保持直接食用新鲜水果的习惯，这一定比喝果蔬汁更佳，除了可以摄取丰富的营养之外，另可训练咀嚼能力，以及提供适当食物纤维，有助肠蠕动和排便。

（3）合理搭配

1）苹果香瓜汁（图3-2-33）。补血益气的苹果香瓜汁对于有胃肠不适和慢性疾病的人具有改善作用。其含有丰富的维生素A、维生素C、维生素B族，以及蛋白质、糖类、铁、磷和钠等矿物质。做法是将苹果和香瓜去皮后切成适当块状，放入榨汁机内榨汁，榨汁完成后加入蜂蜜调味即可。

2）苹果菠萝汁（图3-2-34）。苹果菠萝汁具有改善头昏脑涨的功效，促进食欲及美容养颜的能力，除此之外，菠萝含有菠萝酵素，能分解蛋白质，有效地酸解脂肪，特别是能帮助肉类的蛋白质消化，减少人体对脂肪的吸收，因此，苹果菠萝汁具有良好的减肥效果。苹果菠萝汁的做法是将苹果和菠萝去皮后，切成大小适合的块状，放入榨汁机中，榨汁完成后再加入柠檬调味。

图3-2-33 苹果香瓜汁

图3-2-34 苹果菠萝汁

合理的搭配不仅能够将水果本身的功效发挥出来，还能让混合果蔬汁的综合效用够达到事半功倍的效果。当然，不是混合的水果蔬菜种类越多越好，而是应合理搭配。

第三节　自然美

素材十

　　大自然不但为人类贡献了生存发展的物质基础，而且也为人类提供了各种类型的审美体验。自然美，不仅在于其直观给人的视觉冲击力，而且还在于人们内心所感悟之美，当我们看山山翠、看水水清、看天天蓝时，心境会得到前所未有的感染、震撼、宁静……

一、自然美的概念与内涵

　　自然美包含外在自然事物之美和内在事物天性之美两种内涵。

　　外在自然事物之美从概念上又分为狭义的非人工的自然事物之美和广义的自然界或现实世界之美。这种外在自然事物之美，是近现代美学热衷考虑的、一般与艺术美相对的自然改变；是在于自然事物及其自然而然的天性，在审美主体的审美活动中产生的美；是自然的外在自然性与人的社会性在审美活动中的结晶；是人对自然的由衷赞美。

　　内在事物天性之美分为宇宙本体论美学范畴的自然天成之美、社会存在论美学范畴的自由存在之美和艺术风格论美学范畴的天然少饰之美。自然天成、本性之美的自然美是中国古典美学的重要代表。它涵盖了各种审美类型。关于自然界事物内在的自然而然、本性天成和不假或不造作的美，是人的社会生活的本真状态、自然境界的最高目标，是一些艺术学家竭力追求的最高理想。

　　本节所讨论的自然美主要是外在自然事物之美。

二、自然美的基本特征

1. 以自然属性为必要条件，并且具有一定的社会性

　　自然美自身的自然因素决定了其必须以自然界为基础，以自然界的

自然属性为必要条件。审美活动是具有社会性的，人可以通过审美活动来得到自然美。首先，自然美与自然界是两个概念。自然界的存在早在人类出现以前便不断地发展，按照其自然法则运行。人们必须按照其自然规律来进行生产创造活动。自然美是针对人而言的，实践活动形成了人类与自然界的种种关系，使自然界与人类产生了联系，且具备了一定的社会属性，从而显示出美的属性。所以说自然美是自然界在人类审美作用下显示出来的美，因此，自然美的外在形式上应该符合人的审美要求，能够让使人感受到祥和、美夹、宁静的自然因素在人类审美中得到认可，如华山之险（图3-3-1）和青城山之幽（图3-3-2）都是自然美的体现。相反，给人造成心理的恐慌、不安的自然因素会让人产生消极的心理，如黑洞和未开发的危险未知区域等。

图3-3-1 华山之险

图3-3-2 青城山之幽

2. 具有联想性、多面性和变异性

自然美具有联想性。某些自然物之所以获得审美价值，往往是因为其某些特征可以让人们联想到人的某种精神和品格等。例如，看到悬崖上的青松，我们会联想到人类社会的活动和经历，并感叹其生命力的顽强；看到梅花在寒冬中绽放，我们同样会被其坚韧不拔的品质所吸引。

另外，不同情感、态度以及看待自然事物的不同视角都能够让人对于自然产生不同的感受，因此，自然美也是具有多面性的。例如，对于桃花，一方面，人们喜爱其艳美，故常常联想起美貌的少女；另一方面，又是由于其易于凋零，会让人联想起爱情的易变与不贞。再如玫瑰，其艳丽的色彩往往成为爱情的象征，而又由于其带刺的茎秆，所以人们又从中看出了爱情的中的痛苦与挫折。

除此之外，由于自然界自身的运动和时间变化，例如四季、阴晴、朝暮、云雨等变化的无限丰富性等都让人在当下的时间和环境中体会到不同的自然美。如每年十一月到第二年五月是观赏黄山云海（图3-3-3）的最佳时段，尤其是雨雪天后，逢日出及日落前，云海必定最为壮观。再如钱塘潮（图3-3-4），平日里是风平浪静、一望无垠、波光粼粼的平静之美，到了每年农历八月十五，钱塘江涌潮最大，潮头可高达数米，中秋佳节前后，八方宾客蜂拥而至，争睹钱塘潮的奇观。

图3-3-3 黄山云海

图3-3-4 钱塘潮

3. 具有全方位的立体美

自然界中的事物基本都具有真实的立体范围，即具有长度、宽度和高度三种维度的立体美，因此，人们可以结合具体情况，可以选择远眺，亦可以近观，乃至进入其中亲身感受，体味其美。整个自然景物景观的美是一个综合体，因此，线条、形状、色彩、声音、质感和味道都是成为自然美审美中重要的不同于其他的因素。如江苏大丰郁金香花田（图3-3-5），其鲜艳的色彩、遍地可闻的花香让众多游客流连忘返。再如在落日里的九溪十八涧（图3-3-6）看"山中月"，听泉水之流淌声，移情于这世外桃源般的幽雅之境，慢享人生，岂不乐哉。自然美往往以其特有的色彩、悦耳的声响和生机盎然的姿态等形式唤起人们对于美的共鸣。

第三章 生活美

图 3-3-5　江苏大丰郁金香花田　　图 3-3-6　浙江省杭州市的九溪十八洞

4. 具有时间的推动性

　　人类对自然的认识是逐步发展和完善起来的。从远古时期对自然的崇拜，被动地适应自然；到工业时期，科技进步，改造自然；再到现在科技发达，而寻求人与自然和谐发展。伴随着人类科技的发展，人们对自然物的认识也是一个逐渐发展的过程，原先的认识会随之而转变，甚至是向相反的方向发展，因此，不能用今天人类对自然的审美感受去推论人类社会前期对自然的审美感受。例如，在原始社会时期，人们对自然界中的众多事物充满着恐惧与不安，随着对自然的掌握与了解，人们逐渐摆脱生存危机，而会更多地意识和了解到其中美的成分。如日食（图 3-3-7），在古代民间称此现象为天狗食日，即原本高悬在天空光芒四射的太阳的光线一点点减弱，仿佛有个黑黑的怪物一点点地把太阳吃掉，当时的百姓面对突如其来的"凶险天象"，个个惊恐万状，朝廷甚至组织了救护治理。不过到了汉代，一些古代学者已基本推测出日食的成因。到了今天，人们把这一景观当作特殊有趣的景象观赏。另外，还有目前尚未开发的一些溶洞（图 3-3-8），游客是不被允许进入的，只有等待时间的推移和开发工作的不断深入，这些美景才能够呈现到人们眼前。

审美与修养

图3-3-7 日食

图3-3-8 未经开发的溶洞

5. 具有处身性与不可传达性

自然美通常需要审美者身处审美活动中进行全身心的感官体验，不论是通过照相、摄影，还是语言的描述都没有办法让其他人有亲身观者美景奇观的感受，所以自然审美具有"介入式"的审美经验感知特性及不可传达的特性。

以上是自然美的一些基本特征，有些是根据自己对自然美的理解而总结的。总的来说，自然美是美学中不可或缺的一部分，而且其鲜明的特色使人们的审美活动更加丰富多彩，对审美活动起着基础性的作用。

三、自然美的代表之美

1. 奇险美

自然之美，有时候需要勇敢者才能够探索到。自然的奇险美，在于其与众不同，世间难寻，并且带有一些危险因素。奇在自然界中是很吸引人的一种美，令观者望而兴叹。

"黄山过石柱，巘崿上攒丛。""黄山望石柱，突兀谁开张？""人间多少佳山水，独许黄山胜太华。"……古现代诗歌中对于黄山（图3-3-9）的赞颂不胜枚举，黄山以其"奇松"（图3-

图3-3-9 黄山之奇险

· 120 ·

3-10)"怪石""云海"(图3-3-11)以及"温泉"四绝闻名,以险和奇著称。黄山之美始于松,迎客松、送客松、连理松、凤凰松、麒麟松……这些形态各异的山间松树以及由之衍生出的故事,让无数游客对黄山的松情有独钟。这也是黄山有别于其他名山之处。作为黄山最吸引人的景色之一——云海奇幻,有一点神秘的味道,可遇而不可求。当云雾环绕在山峦间时,景致仿佛仙境。雨后看到黄山的云海的概率更大。

图3-3-10 黄山奇松　　　　　图3-3-11 黄山云海

"奇迹石"(图3-3-12和图3-3-13)位于挪威谢拉格山的山顶之上,是一块刚好卡在两座大山之间、约5立方米的石头,距离谷底大约为1 000米。"奇迹石"又被称为"勇敢者之石",勇敢者的胆量会让他们爬到"奇迹石"上面来观赏谷底的无限风光,更有勇敢者在上面做跳跃的动作,甚至是平衡表演(图3-3-14)。有恐高症的旅行者如果有胆量尝试,那么也千万不要往下看,防止脚一软就掉落下去。"奇迹石"就是大自然的鬼斧神工,同时,也要提醒充满冒险精神的勇士们不要变成和"奇迹石"一起落入谷底的"幸运倒霉蛋"。

图3-3-12 挪威奇迹石(近景)　　　图3-3-13 挪威奇迹石(远景)

2. 壮丽美

大自然的壮丽美让观者的灵魂得到升华，心境会随着广阔无垠的草原和一望无际的蓝天变得高大、开阔。壮丽美具有高大、辽阔和浩瀚等特征。如巍峨的高山，辽阔的大海，浩瀚的沙漠，无边的草原，连绵不断的林海、云海……

图3-3-14　在奇迹石上的平衡表演

自然给予的龙脊梯田（图3-3-15）是一种自然美、艺术美，更是壮丽美。龙脊平安壮乡梯田位于广西龙胜县，距桂林市区80公里，因山脉如龙的脊背而得名。它既有大刀阔斧的砍削，又有丝丝入扣般精细的雕琢；既有磅礴的气势，又有清晰秀丽的情调。那高高的田坎重重叠叠；绵绵蜿蜒的曲线，是大地的指纹；那随着季节变化，成块变幻的色彩，是大地的调色板；那潺潺泉水形成的灌溉系统，是大地的血脉；那传统的劳作方式和村落，传承了古老的文明。它们的完美组合，创造出了一片片生机盎然的田园风光，幻化出了一幅幅美轮美奂的画卷。

图3-3-15　龙脊梯田

大自然中的风景配合天气也能够带给我们各种不同的感受，苏轼的一首七言律诗《有美堂暴雨》是其在吴山顶上的有美堂中所写的。

"游人脚底一声雷，满座顽云拨不开。天外黑风吹海立，浙东飞雨过江来。十分潋滟金樽凸，千杖敲铿羯鼓催。唤起谪仙泉洒面，倒倾鲛室泻琼瑰。"这首诗表现了雄阔奔放的气概，有诗配景，更加显得暴雨的壮丽雄伟。远远的天边，暴风卷着乌云，把海水吹得如山般直立；一阵暴雨自浙东渡过钱塘江（图3-3-16），向杭州城袭来。苏轼在这里以"飞""过""来"三个动词，极为生动形象地展现了暴雨由远到近、横跨大江、呼啸而来的壮丽景象（图3-3-17）。

图3-3-16　暴雨下的钱塘江

图3-3-17　电闪雷鸣的壮丽景象

3. 幽静美

幽静美是指极其清净、宁静的自然环境可以带给人安心、平静、安详、愉悦的美感。

古堰画乡（图3-3-18）位于浙江省丽水市莲都区碧湖镇和大港头镇境内，距丽水市区20公里，核心区块包括大港头、堰头、坪地和保定范围，历史文化积淀深厚，氛围浓厚，但是很少有人知道这个藏在浙江丽水的水乡是一片幽静美丽的世外桃源。"青山看不厌，绿水趣何长。"瓯江（图3-3-19）水面宽阔，江流平缓，颇有"潮平两岸阔，风正一帆悬"的意境。有古街、古亭、古埠头、青瓷古窑址，还有大大小小的古村落和古樟树群（图3-3-20），形象地表达了该区域真山真水的美丽景色。古堰画乡有一条河会吸引人们的注意，那淡蓝色的水中加入一点点奶白色点缀。它与蓝天融为一体，从河滩上看去，仿佛置身于画中，让人流连忘返。自然古朴的江南古镇的美丽风貌，是人们寻觅安静和淳朴的一方净土。

图3-3-18　古堰画乡的幽静之感

图3-3-19　古堰画乡的瓯江

泰州兴化垛田（图3-3-21和图3-3-22）素有"天然氧吧"之称。垛田是在地势低洼、湖荡纵横的沼泽地带，挖土堆垛形成的一种岛状农田，一方方垛田仿佛漂浮在水上，"片片菜花春色迷人、万亩大纵湖风光旖旎"。因为没有道路和桥梁，所以来去只能依靠船只。傍水而居、依水而生，垛之幽静美令人流连忘返。人们置身于一望无际的千垛菜花间，闻着随风而来的幽香，沉醉安详。

图3-3-20 古堰画乡宁静的古樟树群

图3-3-21 泰州兴化垛田

图3-3-22 泰州兴化垛田航拍

4. 秀丽美

秀丽美是指浓荫绿树、山清水秀的美景，如花红柳绿、彩蝶飞舞、泉水叮咚、雨后彩虹和雨后青山。秀丽美的风景区一般是浓荫绿树，花草茂盛，并伴有一定水面，形成山清水秀的美景。

"欲把西湖比西子，淡妆浓抹总相宜"。这句诗用来形容西湖的秀丽美是最贴切不过的了。自古以来就有很多文人墨客在西湖留下了大量诗词歌赋，而作为诗人笔下的西湖盛景自然是非常美丽的，只要是游览一回，人们便能将此处的美景烙印在脑海中。西湖的美，不在山高，也不在水深。它的美是将这里的秀丽风光化成一幅美丽诗篇刻在游人心中久久不能忘却。行走在西湖畔，徐徐清风送来游人的阵阵欢声笑语，树枝摇曳，尽显欢快。西湖是一片清澈透明的湖泊，蓝天和着白云倒映在湖中，宛若一面巨大的镜子放在这处地方，目光所及皆是美景。抬眼望去，远处是位于夕照山上朦胧的雷峰塔（图3-3-23），近观则是树影婆娑、水清鱼乐（图3-3-24）的一番美景，再搭配上湖中的断桥（图3-3-25）与来来往往的船只，组成了一幅秀丽的画卷。

图3-3-23　西湖雷峰塔远景

图3-3-24　西湖荷花塘

图3-3-25　西湖断桥

大自然之美不仅是眼前之美，时光在四季中的更迭交替，无论春夏秋冬，只要细心观察，就能会发现它们各自的风采。大自然之美无处不在，带给我们感官上的享受及心灵之美。

第四节　技术美

素材十一

一、技术美和技术美学的关系

1. 技术美

什么是技术美？技术美是科学技术革命和现代化大生产的产物，是指通过工业技术在劳动产品中体现的实用性与审美性的完美统一，即技术和美学原理的具体结合与有机统一。技术美学是以人文为基点，运用美学原理研究技术领域中的审美形态和审美价值，以及人、技术和自然之间审美关系的一门实用性学科，它并非将美学简单地应用于技术，而是注重于更为根本的人类技术活动的审美化或人类生存状态的审美化。

2. 技术美学

技术美学是以美学原理为指导，研究技术领域的美和美感规律的应用性学科。作为一门边缘学科，它是自然科学与社会科学、美学艺术与科学技术的结合与统一。图3-4-1和图3-4-2所示的扬帆和精密仪器就体现了技术美。

图3-4-1 扬帆的块面美

图3-4-2 精密仪器的金属质感美

（1）技术美学的发展历史

古罗马建筑师和工程师维特鲁威在《建筑十书》中主张一切建筑物都应考虑"实用、坚固、美观"。这一思想逐渐发展演变为西方建筑的三大要素，即形式、结构、功能三位一体的理念，但实际上，西方传统把形式定为建筑的本质。到了现代主义时期，三位一体的理念作为在传统建筑中的首要目的形式，开始让位于基于新技术的空间、结构和功能。

到了近现代，一些国家提出了"工业美学""生产美学""劳动美学"等概念，建筑的重点也从工艺美学转到技术美学。20世纪50年代，捷克设计师佩特尔·图奇内首先提出了"技术美学"这一概念，之后开

第三章 生活美

始广泛流行。

我国对技术美的研究尚处于起步阶段，但在国际上，技术美学已得到了普遍的重视和推广。随着新技术革命的突飞猛进，技术美学也在迅速发展。

21世纪初，德国第一个成立了"德意志艺术工业联盟"。该组织集中了许多工程师、艺术家、建筑家，专门研究从艺术上改进工业产品的设计问题。1919年，苏联成立了"艺术工业委员会"，主要任务是研究工业品设计中的艺术问题。1920年，列宁亲自签署命令，批准在莫斯科建立国立高等工艺美术学校，用来专门培养高级熟练的工艺技师，但是由于国内战争的爆发，这一计划被迫中断。美国从19世纪三四十年代开始注意技术美学，1950年正式成立技术美学组织，并在全国43所学校开设技术美学课程，还建立了"迪扎克"——工业艺术设计之家。日本在20世纪50年代初成立了"工业艺术科学研究会"，在东京和大阪成立了"迪扎因"，还出版了《工业艺术设计》杂志。日本特别注意技术美的设计和应用，使日本汽车（图3-4-3）在物美价廉方面超过美国，并迅速打入和占领美国市场。日本松下公司提出："要大干，必须艺术设计第一。"与此形成鲜明对照的是由于苏联长期中断和忽视技术美的研究与应用，因此其工业产品大多"傻大黑粗"，产品声誉下降，在国际上逐渐丧失竞争力。进入20世纪60年代后，苏联才恢复了对技术美的研究和应用。1957年，瑞士成立"国际技术美学协会"以来，已召开了14次国际会议。截至目前，世界上已有38个国家的440多所学校开设了技术美学课程。

图3-4-3 汽车设计的流线美

（2）技术美学的研究对象

技术美的研究对象是什么？技术美学是集实用与审美为一体的一门新兴应用性边缘学科，研究对象十分广泛，主要涉及材料学、工艺学、价值工程学、人体工程学、消费心理学、产品造型和美学。它主要研究技术生产领域和社会消费领域中产品质量和审美要求的关系和规律问题，同时，还研究如何按照美的规律将生产与消费、物质和精神、实用和审美有机地结合起来。概括起来讲，技术美学的研究对象主要包括以下三个方面：

第一，从全面满足人们日益增长的物质文化需要出发，着重研究产品的全面质量问题。所谓全面质量，一方面，包括产品的内在实用价值；另一方面，包括产品的外在审美价值。现代技术美学就是要研究如何使人们在使用一件工业产品的同时，获得最大限度的审美愉悦和精神享受。

第二，从产品的设计入手，着重研究产品的艺术美问题。现代工业生产都是从产品的设计开始的，大到一座建筑物、一艘航空母舰，小到一只手表、一个发卡，在设计时不仅要考虑产品的美观问题，也要考虑人们的审美需求和审美标准。这就是设计中的艺术美问题。设计师把美的艺术应用于工业产品设计的过程，被称为"现代艺术设计"。

第三，从保证最终产品的质量出发，研究如何才能使生产工具、劳动条件、劳动环境、劳动对象与劳动者实现优化组合的问题。

二、技术美的内涵

技术美的内涵是把物质与精神、功能与审美有机统一起来。技术美学的出发点是人，产品的功能不仅要适应人的物质需求，而且要适应人的精神需求。适应人的物质需求的是产品的使用价值，适应人的精神需求的是产品的文化价值和审美价值。

技术美（功能美）给人的美感，是一种什么性质的美感？其具体有以下两种：

1）技术美既带来生理上的快感，同时，又带来精神上的快感，如美感、荣耀感和认同感，等等。越是高级的产品，在审美和文化上带来的快感在比重上就越大。

2）越是高级的产品，就越具有形式美。

以小米的生态产品为例，其自问世以来就以极简为设计追求。的确，小米的产品都很简约，我很欣赏这种至凡至简的设计理念，每一款产品都有很高的辨识度，一直被模仿，却从未被超越。从饥饿营销到极简的设计，小米一直在走自己的路。雷军喝了一碗小米粥之后的联想，成就了现在的小米科技。这也很简单，没有任何含义与寓意，一切都很自然。"让每个人都能享受科技的乐趣"。心怀新国货梦想的雷军说出了小米的美好愿景。拒绝平庸是伟大企业的共同性格，科技创新、惠及全民是一件很有情怀的事情。

①小米手机——极简而性价比高。

小米手机（图3-4-4）没有硕大的Logo，低调简约，手机背面有个"MI"的品牌标志。小米不断尝试新的材质，钢板、玻璃、瓷质、自然竹都是其尝试过的材质。小米从不锈钢中框开始就一直注重设计，从对陶瓷材质的不断探索到跳出原有的框架，都在不断探索创新。

图3-4-4　小米手机

②小米电视——潮流人士的选择

小米电视（图3-4-5）的设计基本上等同在一块没有边框的屏幕，高清钢琴烤漆，就只有简单的两个支架，流线型设计薄如蝉翼，客厅秒变电影院。小米电视是技术和美学的次时代升级，分体式设计、简洁式数据线、极致轻薄、内核强大、内容丰富等诸多创新和突破汇聚一起，体现了其独特创新思维和极致产品追求，也让我们看到了一个硬件创新和工业设计能力越来越优秀的小米。

③小米智能——看得见，触得到。

电动平衡车随处可见，其中小米品牌的市场占有率相当高。小米品牌电动平衡车特别简约，简单到只有两个轮子，成为很多年轻人玩酷的工具，也成为他们形影不离的伙伴。如小爱音响的造型基本没有按钮，就像一个

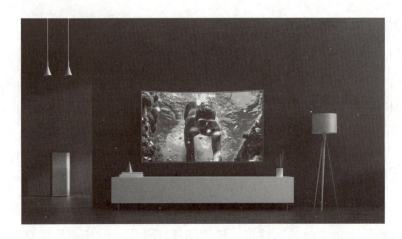

图3-4-5 小米电视

长方体一样简约；小巧的吸尘器、智能化的扫地机器人以及对抗雾霾的空气净化器。小米智能生态产品（图3-4-6）的设计都极其简单。

图3-4-6 小米智能生态产品

④小米生活周边——生活可以更精彩。

小米是一个不断前进的企业，对工业化设计的追逐从未停止。护颈乳胶枕、乳胶床垫、牙刷、毛巾、箱包、眼镜、雨伞、吊坠和螺丝刀等一系列产品的外观设计都是极简的，没有一点多余的修饰。颜色虽然很单一，没有让人眼前一亮的感觉，但是当人们走在大街上看到小米的产品时，就会发现其辨识度是很高的。它有明显和别人不一样的特点和优势。也许，这就是小米立足市场的秘诀吧。

第五节 适用美

素材十二

一、适用美的定义

适用是强调事物使用的对象、场合或范围等合适，一般多指方法、技术、环境、医药、条件或管理等。适用美就是在上述范围内对美学定义上的体现。正如哲学存在于人民日常生活中一样，适用美学也存在于人民生活中。只因日用而不自知，不少人往往误认为美学是一门高不可攀的学问，只能让少数美学专家去研究，其实不然。如图3-5-1和图3-5-2所示的不锈钢酒柜和日常使用的工具都存在美学。所谓"好学之心，人皆有之"。人们日常生活中，实际上有着极其广泛的审美活动，每个人都有意无意地在应用并发展着他们某种程度的审美观，自然也就形成了他们自己的这种或那种美学观点。

图3-5-1 不锈钢酒柜

图3-5-2 工具大全

马克思指出："人类不仅是按需要的法则而创造，并且是按'美的法

则'而创造的。"（大意见《经济学—哲学手稿》）正因为这样，人类的一切生产与活动，实际上普遍包含广义的"艺术"因素。不能不看到，人类对待一切作为劳动对象的自然物或者对待一切成果的生产品。无论在生产过程中还是在使用过程中，都是从功利和审美这两个角度出发来与它们发生关系和联系的。简言之，都是在满足物质实用方面的需要之基础上，要求同时满足精神的审美方面的需要。

二、适用美的美学本质

一切事物的形象，作为人化的自然事物之形象，实际上都必具有这种或那种的美学特性。人们与之发生关系或联系，又都绝不可能不产生对其形象的直观感受。

三、适用美的日常体现

通常情况，人们由"感"到"知"再到"用"的过程，多半因为实用功利要求，无暇对各种对象在形象方面的美学特性进行较多、较深的审美欣赏，但却并不等于人们绝对没有或不可能在实用的同时对它进行欣赏，即人们在各种对象满足实用需要的同时（或之后），或多或少、有意无意地，总要要求这种或那种美的享受，以得到精神上的满足。例如，供人们居住的房屋，本来无非为"避风雨、别内外"而已，但在建筑时却不仅要求实用，而且还要在尽可能的情况下讲求舒适、美观。穿戴衣帽鞋袜，本来无非为抗暑御寒而已，但是一般人都会选用自己心爱的颜色、花纹，并讲求其裁制的式样与穿着时的适当搭配。交通工具不仅要求能代步，而且还要讲求形、色和装饰。道路不仅要求可通行，而且还要讲求平坦整洁或曲折幽静，乃至大搞林荫道与路边花坛。饮食本来只能够解渴、充饥就行了，但往往还要讲求色、香、味，甚至切割和盛放的样式以及对于杯、盘、碟、碗等餐具的选择。另外，还有宴席的布置等都有不少讲究。

从家具式样（图3-5-3和图3-5-4）和室内陈设，再到各种日用器物、商品包装、书籍装帧、报刊（包括版面）、商店橱窗、会场布置、机器造型，再到须发式样，凡此种种，无一不或多或少包含着求美的因素。水果摊的"静物画面"，大概不少人都熟悉吧？有的菜贩在满筐鲜紫色茄堆尖顶放置一两只大红色灯笼辣椒，不也正是一种爱美的表现吗？部队里的战士们不但为美化营地而种植花草和用各种卵石给道路与花坛铺砌美丽的图案，而且还会整理营房中的床铺及将被褥折叠成"四楞上线"的被褥。这些未必只是为了合乎"内务"的要求吧。至于有关人们的动作、动态以及语言声音的美（如各种体育活动，如打球和做操的姿势，滑冰的姿势和运动时的口号等），不是都有美的要求吗？

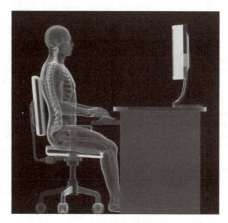

图 3-5-3　舒适的座椅　　　　图 3-5-4　高度合适的电脑桌

全国工艺美展陶瓷展品中有竹节茶具、梅根茶具、荷花茶具，无非是让人在使用它们饮茶的同时，能够引起一种仿佛正从竹节、梅根或荷花苞里吸吮甘露等的联想，借以形成某种美的意境，诱发一种对生活之美的感受，大大增加其实用过程中的审美因素，丰富生活兴趣，从而提高人们对于生活的热爱程度。

四、具有适用美的产品

1. 向内翻的易拉罐盖子（图 3-5-5）

向内翻盖的设计更符合适用美学，使盖子更容易打开的同时也更安全、不会划伤手。饮料喝完后，盖子也还保留在拉罐上面，回收相对彻底，更加环保。

图 3-5-5　向内翻的易拉罐盖子

2. 国美 MAXREAL 智能语音电视遥控器（图 3-5-6）

2019 年红点产品设计大奖颁奖典礼在德国埃森落下帷幕，共有来自 55 个国家的超过 5 500 件作品参与评选。其中，国美 MAXREAL 86 英寸智能语音电视遥控器以其上佳手感、符合人体工程学的设计脱颖而出，一举斩获红点奖，成为 80 款获奖作品之一，其特点如下：

图 3-5-6　国美 MAXREAL 智能语言电视遥控器

1）造型简约，功能至上。设计的初衷是小巧精致、简约大气，与绝大多数同品类产品区分开来，因此，设计师赋予了它椭圆形的截面形状，力求给用户提供最舒适的抓握感。其弧面造型设计，也是为了让用户从桌面上拾取时更加方便。

2）舒适的哲学，一键布局。在产品最初的构思设计中，设计师对遥控器的每个按键功能和使用频率做了深入考量，摒弃了花哨、冗杂的功能，只保留了必要的按键操作。这些被合理分组的按键以及位置和形状的差异化显示方便用户及时准确定位，快速上手操作。

3）按弹式电池仓，独一无二。过去，电池的取出往往伴随着各种麻烦，甚至以受伤为代价，而这款遥控器底部设计直面痛点，用户只需按下遥控器底部的电池仓盖，电池便会自动弹出，方便拆卸和更换。

3. Arc Mouse（图 3-5-7）

无论是上班族还是于学生，对鼠标都不陌生，但是目前市面上的鼠标大都只能在鼠标垫上或者光滑平面上使用，因此使用起来没有那么方便，这款名为"Arc Mouse"的鼠标的弯曲的设计使它可以在任何表面使用，包括人们的大腿。

图 3-5-7　Arc Mouse

综上，适用美学不完全等同于应用美学。第一，适用美学绝非单纯地停止于物质生产劳动这一含义上，应该将社会实践如道德实践、交往活动和精神文化活动纳入其中；第二，适用美学侧重于对适用领域具体的有关美的问题的研究以及新的审美现象和新的趋势的探讨。

第四章　艺术美

　　艺术美是艺术家对生活的审美感情和审美理想与生活美丑特性在优美艺术形象中的结合，存在于一切种类和样式的艺术作品中。如工艺美术、建筑、雕塑、绘画、文学和音乐等，都是艺术美存在的具体形态。艺术美是一种反映形态的美，来源于客观现实生活，但不等同于生活，是艺术家创造性劳动的产物。艺术美是生活美经过典型概括的艺术反映，但是它比生活美更集中、更强烈、更有普遍性，具有陶冶性情、娱乐身心、认识生活、宣传教育和净化灵魂等作用。总之，在人类的艺术活动中，无论是艺术的内容还是艺术的形态，都是艺术家创造性劳动的成果。

第一节　音乐美

一、音乐的概述

　　音乐，艺术形象审美方式之一，融合了情感艺术、听觉艺术和时间艺术的特性，以声音为载体，唤起人们的审美体验和审美联想。

1. 音乐的特性

　　《中国大百科全书（音乐·舞蹈卷）》中对"音乐"条目的定义是"音乐是凭借声波振动而存在、在时间中展现、通过人类的听觉器官而引起各种情绪反应和情感体验的艺术门类"。从这个定义来看，我们可以认为音乐是一门声音艺术，但它采用的声音材料具有非语义性的特征，正是因为这一点，它才区别于口头语言艺术。另外，音乐还是一门非描绘性的艺术。它不是描绘生活中的具体事物和场景，而是通过时间展开音响构成的各种要素，以直接激发和呼唤听者的情绪、情感和意志，因此也有人认为音乐是一门注重严谨的形式与结构的艺术。

2. 音乐在人类社会发展过程中的样式

音乐在人类社会发展的不同时间过程中有着不同的样式。

早在原始社会时期，就萌生了音乐，这些处于萌芽状态的音乐已经有了相对固定的高音和或长或短的节奏。中国贾湖骨笛（图 4-1-1）出土于河南省贾湖遗址，距今已 8 000 年，还能吹出世界标准音。贾湖骨笛的横空出世是中国音乐和乐器发展的有力实物证明，而且它属于史前神器，是中华民族从蒙昧走向文明的一座高峰，对于后世的礼乐制度、道教文明和整个中华文明都有着不能用言语表达的影响。音乐以其"实用功能"渗透到社会生活的方方面面。

图 4-1-1　河南博物院收藏的贾湖骨笛

奴隶社会时期，音乐文化中的一个重要部分为奴隶主阶级所垄断和发展，这部分音乐成为"礼"的一部分，乐舞成为统治阶级显示权威的工具，乐器成为王权与财富的象征。战国曾侯乙编钟（图 4-1-2）的出土改写了世界音乐史。战国曾侯乙编钟是中国迄今发现数量最多、保存最好、音律最全、气势最宏伟的一套编钟，代表了中国先秦礼乐文明与青铜器铸造技术的最高成就，在考古学、历史学、音乐学和科技史学等多个领域产生了巨大的影响，2002 年 1 月被国家文物局列入《首批禁止出国（境）展览文物目录》。

图 4-1-2　湖北省博物馆收藏的曾侯乙编钟

封建社会时期，社会分工逐渐细化，形成阶层化，音乐的类型和功能也趋向多样化。寺庙和教堂成为培育和发展各种宗教音乐的中心。当然，农民和手工业者占人口的绝大多数，他们成为封建时期音乐文化的主要创造者。

进入工业文明时代后，生产力得到了空前的飞速发展，乐器的制作水平和音乐的表现手段也有别于之前。此时，被压迫阶级在争取解放的斗争中创作了大量富有战斗精神的作品。这些作品成为人类精神文明的重要组成部分。

20 世纪出现了音乐多元化并存的局面，科技的进步使录音和电子音乐技术的发展突飞猛进，音乐的传播范围几乎遍布全球，唱片业所带来的衍生品推动了音乐商品化的进程。音乐文化空前繁荣。

3. 音乐的社会功能

人们在听音乐的时候会发生各种心理活动，情绪、理智和思想意识也都会发生一些变化。这在一定程度上会影响到人们的行为方式，甚至会有形无形地影响到社会。

（1）音乐具有认知功能

音乐没有语言也没有造型，看不见也摸不着，但是它可以通过音响的组合来模拟现实世界，用节奏与韵律来感知外界。听者在音乐声中捕捉到与现实世界某一音响特征类似的音型时，会通过联想去认识这一场景，而脑海中随之而来涌现的则是符合这一场景的画面。

（2）音乐具有教育功能

音乐的教育功能一般是由乐曲所表现的情感和情绪来感染听者而实现的。人们在欣赏音乐的过程中潜移默化地得到了情操的教化，增强了对美好生活的向往。在一些特定的外部环境影响下，一些斗志激昂的乐曲能够立即发挥巨大的作用，如《义勇军进行曲》《国际歌》等。这些歌曲无疑在革命斗争和抵御外敌的战斗中发挥着不可估量的教育和激励作用。

（3）音乐具有美育功能

欣赏音乐可以使人身心愉悦，提高人们的审美能力。人们听音乐的首要目的是获得美的享受，因此音乐首先要动听，符合人们的审美趣味与需求。

（4）音乐具有实用功能

音乐在人们从事集体劳动时能够协调动作、激励情绪，各种劳动号子就是这样产生的。与此同时，音乐对一些精神疾患的治疗也有一定的辅助作用，安静的音乐能够使精神狂躁者逐渐平静下来，活泼的音乐能够使抑郁者敞开心扉。另外，音乐还可以在商业活动和广告宣传中发挥一定的人气作用，使消费者对产品留下有声有色的印象。

二、音乐的发展简史

1. 中国音乐的发展概况

远古时期，已出现用猛禽腿骨制成的笛子。这些笛子开有七孔或八孔，可以吹奏六声或七声音阶，能够演奏河北民歌《小白菜》。

夏朝的乐舞《大夏》和商代的乐舞《大濩》成为昭显统治者功德的工具。周朝建立了严格的礼乐等级制度。音乐教育制度始于周朝，而且宫廷中还为此设立"大司乐"来承担贵族子弟和学士音乐教育的任务。

隋唐时期，音乐得到迅速发展，唐朝政府还建立多种音乐管理机构，其中的梨园是由艺术水平最高的音乐舞蹈家组成，表演曲目经常要由皇帝亲自审听。

宋朝开始，音乐的发展中心从宫廷转向平民百姓，职业艺人云集勾栏瓦舍，说唱、戏曲等多种民间音乐迅速发展，宫廷乐舞逐渐被民间戏曲所取代。南宋词人姜夔的《白石道人歌曲》是现存最早的宋词歌谱。

鸦片战争后，中国进入历史变革的时期。这一时期产生的新音乐在人们的生活中占有重要的地位。戊戌变法诞生了学堂乐歌。在新文化运

动的影响下,以萧友梅为首的留洋归国人士在北平成立了多个音乐教育机构,随后又在上海成立了我国第一所独立设置的国立音乐学院,培养了一大批音乐界的优秀人才。

中华人民共和国的成立为音乐的发展开辟了广阔前景。少数民族音乐中的"十二木卡姆"和"侗族大歌"等乐种,被挖掘整理成为世界文明的非物质文化遗产。20世纪八九十年代,通俗歌曲风靡全国,《一无所有》的问世标志着摇滚乐在中国的崛起。

2. 西方音乐的发展概况

西方音乐的历史也可以和他们的文化史一样追溯到古希腊古罗马时期。这一时期音乐比较简单,给我们留下更多的是音乐理论及其对后世的影响。

公元5—14世纪是音乐的中世纪时期。这一时期,以基督教堂宗教礼拜音乐为主,教堂中有唱诗班,歌唱格里高利圣咏和赞美诗等。

公元15—16世纪是音乐的文艺复兴时期。与绘画的文艺复兴不同的是,它的起点不在意大利,而是从英国和欧洲大陆偏北地区发起的,诞生了早期的不勒第乐派和佛兰德乐派;中期的世俗音乐,如法国尚松(即歌曲)、意大利牧歌等;晚期的音乐中心转向意大利。罗马乐派的帕勒斯特里那的无伴奏声乐复调将文艺复兴宗教音乐推向顶峰。

17世纪,西方音乐进入著名的巴洛克时期。它是音乐史上一个非常重要的时期,以大型音乐体裁的登场拉开序幕。这一时期,意大利歌剧产生了,在18世纪前后发展成型,并传遍了整个欧洲。

18世纪下半叶以后,西方音乐进入"古典主义"时期。著名的维也纳乐派产生了。海顿、莫扎特、贝多芬这三位乐坛巨匠支撑起"古典主义"时期的"天空"。

进入19世纪后,社会思潮开始发生转变,人们追求个性,音乐中回荡着激情、幻想与想象,于是音乐进入浪漫主义时代。前期著名的作曲家有舒伯特、门德尔松、舒曼、肖邦等;后期则有柴可夫斯基、德沃夏克、施特劳斯等。

第四章　艺术美

20世纪的西方社会思潮出现反传统动向，音乐进入现代音乐时代。如以第二次世界大战为界，前一阶段产生了法国印象主义、德奥表现主义、泛欧洲的新古典主义和新民族主义乐派；第二次世界大战后西欧产生了比较激进的先锋派音乐，总体来说，与传统音乐观念有很大区别。这一时期，音乐出现了多元化的发展趋势。

三、经典音乐名人名作鉴赏

1. "西方现代音乐之父"——巴赫

（1）约翰·塞巴斯蒂安·巴赫

巴赫［Johann Sebastian Bach，1685年3月31日（儒略历）—1750年7月28日］（图4-1-3）是德国作曲家和巴洛克时期的音乐家。他以器乐作品以及人声音乐而闻名。自19世纪巴赫复兴运动以来，他通常被视为有史以来最伟大的作曲家之一。巴赫家族是地道的音乐世家，早在他降生前许多年就已经在音乐界赫赫有名了。巴赫的父亲是一位优秀的小提琴手，巴赫的祖父的兄弟中有两位是具有天赋的作曲家，叔伯兄弟姐

图4-1-3　巴赫像

妹中有几位是颇受尊敬的音乐家。对于具有极高音乐天赋的巴赫来说，在这样的家庭中成长是十分幸运的。巴赫一生创作了1 000多首曲子，是一位高产的作曲家，但是他在世时，作品并不为人们所理解，因此他既没有获得显赫的地位，也没有赢得社会的认可。1829年，门德尔松在莱比锡指挥上演了巴赫的《马太受难乐》，从此人们开始关注巴赫。

（2）巴赫的成就和主要作品

巴赫的音乐可以说是构成欧洲音乐殿堂的一根重要支柱。如同清泉一般的音调总是含蓄地表达着感情。当人们仔细分析其乐式时，感情已

经来到心底。

巴赫的音乐创作更是为后人做了铺垫。他同时又是小提琴家、大键琴家和管风琴家。巴赫把前人发展起来的主要风格、形式和传统概括地加以研究并汇集在一起，使之更加丰富多彩。在巴赫的创新下，传统的音乐有了高度的升华。首先，他把传统的音乐从宗教附属品的位置上解放了出来，音乐不总是歌颂上帝，也歌颂平凡的生命；其次，他把复调音乐发展成主调音乐，大大丰富了音乐的表现力；再次，他又确定了键盘乐器十二平均律原则。《平均律钢琴曲集》是巴赫在纯音乐领域留下的重要遗产之一。作为一部具有德意志精神的作品，《平均律钢琴曲集》体现出了严谨的德国式思维。除声乐作品外，巴赫还奠定了现代西洋音乐几乎所有作品样式的体例基础，因此，其被后世尊称为"西方音乐之父"。另外，巴赫的《法国组曲》《英国组曲》和六首《勃兰登堡协奏曲》等作品，也都表达了作曲家对和平与美好生活的祈求与渴望。

2. 天才少年莫扎特和浪漫的爱情故事《费加罗的婚礼》

（1）沃尔夫冈·阿玛多伊斯·莫扎特

莫扎特（Wolfgang Amadeus Mozart, 1756—1791)（图4-1-4）是欧洲著名古典主义音乐作曲家，出生于神圣罗马帝国时期的萨尔兹堡一位宫廷乐师的家庭。他的父亲列奥波尔德·莫扎特是那座城中宫廷天主教乐团的小提琴手，也是一位作曲家；他的母亲安娜·玛丽亚·莫扎特也热衷于音乐并会拉大提琴和小提琴。莫扎特是家中最小的孩子，排行第七。1760年，4岁的莫扎特跟随父亲学习钢琴并试着开始作曲。

图4-1-4 莫扎特像

莫扎特小时候，有一次，他的父亲与一位朋友一起回到自己家中，看到4岁的儿子正聚精会神地趴在五线谱纸上写东西。父亲问他在干什么，莫扎特回答正在作曲。孩子的举止使两位大人相觑一笑，面对着纸上歪七扭八的音符，他们以为这不过是小孩的胡闹，然而，当细心的父亲将儿子的作品认真看过之后，发现这张乐谱不一般，他相信莫扎特会成为一名出类拔萃的作曲家，因此他开始指导莫扎特作曲并带着他参加演出。

1763年6月—1773年3月，莫扎特与父亲先后到德国、法国、英国、荷兰和意大利等国进行为期十年的旅行演出。演出让莫扎特对当时最先进的意大利歌剧、法国歌剧和德国器乐等体裁都有了认识。另外，还结识了巴赫、马蒂尼和萨马蒂尼等作曲家，并学习到他们的作曲技术，对后面的创作起到了帮助作用。

莫扎特一生的作品无数，可以算是一位高产的音乐家，最具有代表意义的作品是三部最著名的歌剧，即《费加罗的婚礼》（Le Nozze di Figaro）、《唐璜》和《魔笛》。

(2) 歌剧《费加罗的婚礼》

《费加罗的婚礼》完成于1786年，意大利语脚本由洛伦佐·达·彭特（Lorenzo da Ponte）根据法国戏剧家博马舍（Beaumarchais）的同名喜剧改编而成，是欣赏莫扎特歌剧的入门之作，是莫扎特众多歌剧作品中最著名的一部，也是莫扎特歌剧创作的巅峰之作，还是中国乐迷最为熟悉的一部。

《费加罗的婚礼》至今仍是各大歌剧院上演次数最为频繁的歌剧之一，有如天籁的歌声和错综复杂的男女人物关系，宛如角力般层出不穷的小计谋和角色错乱的对白，至今仍是许多观众念念不忘的经典。该歌剧有让人眼花缭乱的进行速度，带出男女之间你来我往的情境、种种约定承诺造成的混乱情形，还有谁对谁唱情歌，谁看谁却不是谁的有趣故事。随着近代舞台技术的进步，人们每一次观赏此剧时都有全新的体会。

3. 音乐界浪漫主义杰出的"抒情风景画大师"门德尔松

(1) 雅科布·路德维希·费利克斯·门德尔松·巴托尔迪

门德尔松（Jacob Ludwig Felix Mendelssohn Bartholdy，1809—1847）

（图4-1-5）是德国犹太裔作曲家和德国浪漫乐派最具代表性的人物之一，被誉为浪漫主义杰出的"抒情风景画大师"。其作品以精美、优雅和华丽著称。门德尔松的音乐成就和他的家庭环境是密不可分的，其祖父摩西·门德尔松（Moses）是哲学家，父亲亚伯拉罕·门德尔松（Abraham）是成功的银行家，门德尔松在养尊处优又有文化修养的环境中成长。母亲利亚（lea）是钢琴家，门德尔松的钢琴启蒙课就是母亲教的。他的姐姐范尼·夏西莉·门德尔松（Fanny）（1805—1847）是一位在钢琴和作曲方面的可造之才，而且是门德尔松的挚友。

图4-1-5　门德尔松像

这位钢琴神童9岁时就开始公开演奏，10岁时就为《诗篇19》谱曲，12岁时已写出一首钢琴四重奏（op.1），14岁生日的时候，父亲送给他一支乐队作为礼物。从此，门德尔松就组织自己的私人乐队，演奏着自己的作品，16岁发表第一首作品《弦乐八重奏》，17岁完成了《仲夏夜之梦》序曲而一举成名。20岁时，他在巴赫去世后的首次公开演出中通过指挥《马太受难曲》来宣传巴赫的作品（1829年，演出地点为柏林歌唱学院）。此次演出引起轰动，从此他成为闻名遐迩的指挥家。他为巴赫的作品得以复生作出了重要的贡献。

（2）歌曲《仲夏夜之梦》

1826年，当时只有17岁的门德尔松读到了莎士比亚的《仲夏夜之梦》。莎翁的剧本表达了人间与仙境的爱情，即欢乐而浪漫。正处于青春年华的门德尔松沉醉其中，一股强大的创作灵感侵袭了他的心扉，于是一个月后《仲夏夜之梦》的序曲诞生了。序曲中，他巧妙地结合了莎翁剧中描写仙境的场面，用高超的音乐技巧展现了月光下的夏夜、树林和梦境中五彩缤纷的神奇世界。

17年后，轻喜剧《仲夏夜之梦》在波茨坦上演，因根据莎翁原剧的要求,整部剧情需要大量的配乐,于是当时的普鲁士国王盛情邀请门德尔松再次为整个演出配乐。为此,门德尔松日夜兼程,前前后后为整部剧写了 12 段配乐,加上原来的序曲,音乐时长总计一个多小时,几乎铺满了全剧。20 世纪初,芭蕾舞剧《仲夏夜之梦》出现了,整个舞台上响起了门德尔松的音乐,给舞蹈家们提供了展示自己的美妙空间。

在这部恢宏的音乐作品中,其中有一段配乐响遍了全世界,那就是在教堂里一遍遍演奏的《婚礼进行曲》,它已然成为人们见证爱情与幸福的必备音乐,出现在这特殊而又有意义的人生剧场中。

4. 梁山伯与祝英台的爱情故事

《梁山伯与祝英台》是中国古代民间四大爱情故事之一(其余三个为《白蛇传》《孟姜女传说》《牛郎织女》),是中国最具魅力的口头传承艺术及国家级非物质文化遗产,也是在世界上产生广泛影响的中国民间传说。自东晋始,在民间流传已有 1 700 多年,可谓家喻户晓,被誉为爱情的千古绝唱。从古到今,有无数人被梁山伯与祝英台的凄美爱情故事所感染。

《梁祝》小提琴协奏曲是陈钢与何占豪(图 4-1-6)就读于上海音乐学院时的作品,创作于 1958 年冬,翌年 5 月首演于上海并获得好评。首演由俞丽拿进行小提琴独奏。该协奏曲根据故事

图 4-1-6 陈钢与何占豪

《梁山伯与祝英台》改编,并以越剧中的曲调为素材,综合采用交响乐与我国民间戏曲音乐表现手法,依照剧情发展精心构思布局,采用奏鸣曲式结构创作而成。按照故事情节,《梁祝》可以分成几个单乐章,并都有对应的小标题。整首协奏曲由草桥结拜、英台抗婚、坟前化蝶为主要内容;由鸟语花香、草桥结拜、同窗三载、十八相送、长亭惜别、英台抗婚、哭灵控诉和坟前化蝶组成曲式结构。

第二节 舞蹈美

素材十三

舞蹈（图4-2-1）是人类历史上最早产生的艺术形式之一，被称为艺术之母。它随着历史的进步而变化发展。作为一种社会艺术的审美形态，它从远古时期就与人类的狩猎、耕作、宗教、战斗和性爱等生产和生活息息相关。舞蹈能直接、生动和具体地表现文字或其他艺术形式难以表现的人的内在深层的心理状态、强烈的感情和鲜明的个性，并能探索与体现人生的价值与意义。

舞蹈艺术是以经过提炼加工的人体动作来作为主要表现手段，运用舞蹈语言、节奏、表情和构图等多种基本要素塑造出具有直观性和动态性的舞蹈形象来表达人们的思想感情的一种艺术形式。

舞蹈是一种人体动作的艺术，但是，这个人体动作必须是经过提炼、组织、美化以及舞蹈化后的人体动作，所以，舞蹈

图4-2-1　手绘舞蹈

不同于别的人体动作艺术的主要方面表现在它是以舞蹈动作为主要艺术表现手段、着重表现语言文字或其他艺术表现手段所难以表现的人们的内在深层的精神世界——细腻的情感、深刻的思想、鲜明的性格，以及人与自然、人与社会、人与人之间和人自身内部的矛盾冲突，创造出可被人感知的生动的舞蹈形象，以表达舞蹈作者（舞蹈编导和舞蹈演员）的审美情感和审美理想，反映生活的审美属性。

在哲学家和美学家眼中，舞蹈艺术已经升华为一种生活，甚至为生命的艺术。在远古的社会生活中，几乎没有比舞蹈更重要的事情了——婚丧嫁娶、生育献祭、播种丰收、驱病除邪，一切都离不开舞蹈。舞蹈成为远古先民质朴的生活方式和感知世界的手段。

德国籍犹太学者库尔特·萨克斯从史学的角度把世界上的舞蹈分为

了石器时代、上古时期、中古时期、18 和 19 世纪的华尔兹、波尔卡时代以及 20 世纪的探戈时代,而在《舞蹈形态学》(于平著)中,则以整个世界传统舞蹈的文化格局确立了八大文化圈——中国舞蹈文化圈、印度马来舞蹈文化圈、印度舞蹈文化圈、马来-波利尼西亚舞蹈文化圈、阿拉伯舞蹈文化圈、拉丁美洲混合舞蹈文化圈、非洲舞蹈文化圈和欧洲舞蹈文化圈。

一、舞蹈的起源

据艺术史学家的考证,人类最早产生的艺术就是舞蹈。在远古时期,尚未产生语言以前,人们就用动作、姿态来传达各种信息和进行情感、思想的交流。我国古代和古希腊的神话传说中号称人类是从天帝那里学来的舞蹈或是人类受到掌管舞蹈的女神的启发才创造了舞蹈。我们知道,古代的先民对神和人的概念的理解并不像现代的人分得那样清楚。那时的人们往往把一些具有不凡才能的人、超出一般人的智慧和力量的人或是对于人类作出较大贡献的人,都视为神的化身或是能通神的人。现在我们知道,各种各样的神都是人以自己的影像为基础,经过想象而创造出来的。神创造了舞蹈,归根结底也就是人创造了舞蹈。

二、舞蹈的种类

艺术,是由各个不同的艺术品种组成的。作为艺术之一的舞蹈,也是由各个不同种类、不同样式、不同风格的舞蹈所组成的。根据作用和目的,舞蹈可分为生活舞蹈和艺术舞蹈两大类。生活舞蹈是人们根据自己的生活需要而进行的舞蹈活动,而艺术舞蹈则是为了表演给观众欣赏的舞蹈。

生活舞蹈多指与人们日常生活有直接联系、形式简朴、易于掌握和具有广泛群众性的舞蹈,如民俗风情中的舞蹈、宗教舞蹈、社交舞蹈和健美体育舞蹈等。艺术舞蹈多指由舞蹈家通过对社会生活的观察体验,结合选择题材，概括集中后的艺术创造，具有鲜明的主题、具体的内容、完整的形式，塑造艺术形象，由舞蹈演员表演供广大群众观赏的舞蹈。艺术舞蹈以高度提炼后的舞蹈语言与技巧，着重刻画人们内心的活动与变化，传情达意，反映现实。

1. 生活舞蹈

（1）习俗舞蹈

习俗舞蹈又可称为节庆、仪式舞蹈，是许多民族在婚配、丧葬、种植、收获及其他一些喜庆节日所举行的各种群众性的舞蹈活动，如唐代彩绘女舞（图4-2-2）。这些舞蹈活动表现了各民族的风俗习惯、社会风貌、文化传统和民族性格特征。

图4-2-2 唐代彩绘女舞俑

（2）宗教、祭祀舞蹈

宗教、祭祀舞蹈是在宗教和祭祀活动中跳的舞蹈，是对超自然、超人间的神秘力量或神灵的一种形象化的再现，可以使无形之神成为可被感知的有形之身，是神秘力量的人格化。宗教舞蹈主要用以乞求神灵庇佑、除灾去病、逢凶化吉、五谷丰登或是感激神灵的恩赐；祭祀舞蹈则是祭祀先祖、神灵的一种礼仪性的舞蹈形式，也寄予了对先祖的怀念或是希望先祖和神佛保佑或赐福于自己。

（3）社交舞蹈

社交舞蹈是人们在社会交往、增进友谊和联络感情时的舞蹈活动。其一般多指在舞会中跳的各种交谊舞，也是在民间中各种节日所进行的群众性的舞蹈活动，多是在男女交往、自由选择配偶的社交场合进行的舞蹈活动，是具有群众性的社交舞蹈。

（4）健身舞蹈

健身舞蹈是以艺术审美的方式锻炼身体，使身心得到健康发展的舞蹈形式。比如各种健身舞、韵律操、舞剑和舞棍等，是强身性、竞技性、表演性和娱乐性相结合的舞蹈。

（5）教育舞蹈

教育舞蹈是教育教学机构进行审美教育的舞蹈活动以及开设的舞蹈课程，其作用是陶冶和美化人的思想感情与道德情操，培养人的团结友爱的品行，加强礼仪以及增进身心健康的舞蹈形式。

2. 艺术舞蹈

艺术舞蹈在舞蹈种类中占据较大的比例，具有自己的社会功能和存在方式，因为有了艺术舞蹈的存在，人们的天性与情感才能得到释放。生活舞蹈将艺术精神更为普遍地，带有功能和应用性地深入人们生活的各个角落。

然而我们知道，艺术不是自然的、无节制的发泄，也不意味着情感越真实、丰沛，艺术表现就越澎湃越感人，"情动于中"只是引发艺术表现的契机，更重要的是人们要把自己内心的情感变为舞蹈的诉说，让更多的人分享诉说的情感内容，艺术的形式也就随之而产生。只有艺术舞蹈把我们领入不同形式的舞蹈作品之中，欣赏到舞蹈家的艺术创造，才是领悟艺术美的真正的开始。因为艺术意味着对象被转变成形式，即艺术在艺术品中体现。艺术舞蹈是由专业或业余舞蹈家通过对社会生活的观察、体验、分析、集中、概括和想象，进行艺术的创造，从而创造出主题思想鲜明、情感丰富、形式完整、具有典型化的艺术形象，由少数人在舞台和广场等专门的场所进行表演，供人们观赏的舞蹈作品。艺术舞蹈的创造形式与活动产生了职业的表演艺术家、艺术作品、艺术的鉴赏与批评，正是一部部生动而形象的舞蹈作品满足了人们对美的向往与追求和对美的鉴赏与批判。艺术自然而然地成为人们生活的一项基本内容和精神支柱。

(1) 古典舞

古典舞（图4-2-3）专指各民族中长期流传至今的具有典范意义的优秀舞蹈作品，在一个国家和民族的舞蹈艺术中具有代表性意义。

图4-2-3　古典舞

纵观中国舞蹈历史，原始的舞蹈活动几乎渗透人们生活的一切领域。随着社会的发展，舞蹈的内容、形式和技巧发生了很大的变化，不同的风格和技艺开始形成，舞蹈者和欣赏者出现分化，形成了专门的舞乐机构。中国古典舞蹈以中国戏曲和武术作为文化审美基础和动作载体，遵循传统适度的观念、均衡和稳定的章法、经典意味和典雅格调的审美情趣，提取典型的舞蹈美学原则和动作要素，体现了造型法则中的"意象"、审美意识中的"中和"、整体配合中的"气韵"以及追求最高"意境"的中国传统艺术的总体意识。

古典舞的代表作品有以下几个：

1）西施的《响屐舞》。西施，中国春秋战国时代著名的宫廷舞人。越王勾践为向吴国复仇使美人计，把西施送给昏庸好色的吴王夫差。夫差得到西施后，终日沉溺于歌舞酒色中。据记载，为了让西施表演《响屐舞》，夫差在御花园的一条长廊中，命人把长廊下挖空，放进大缸，铺上木板，取名"响屐廊"。西施脚穿木屐、裙系小铃，在婀娜优美的舞姿中，木屐踏在木板上，发出沉重的"铮铮嗒嗒"的回声，和裙上小铃清脆欢快的"叮叮当当"声交相呼应，别具一番迷人的风韵。

2）杨玉环的《霓裳羽衣舞》（图4-2-4）。杨玉环，中国唐代著名舞蹈家,生得丰满艳丽,被称为盛唐时期典型的美人,由于具有良好的音乐素养,会演奏多种乐器,特别是歌舞尤为出色,故备受唐玄宗之宠爱,并被封为贵妃。她所擅长表演的是《霓裳羽衣舞》,唐代大诗人白居易在《霓裳羽衣歌》中记述的"飘然转旋回雪轻,嫣然纵送游龙惊。小垂手后柳无力,斜曳裾时云欲生"。诗中描写了《霓裳羽衣舞》的舞蹈动态美和感人的艺术魅力。

图 4-2-4　《霓裳羽衣舞》

3)赵飞燕的《掌上舞》。赵飞燕原名赵宜主,是中国汉代著名舞人。她聪明伶俐、身材窈窕,学习歌舞时精心刻苦。相传汉武帝为其制造了一个水晶盘,令宫人用手托盘,她在水晶盘上潇洒自如地舞蹈,具有相当好的舞蹈功底。由于她的舞姿身轻若燕,能在掌上舞,故名赵飞燕。

4)双人舞《飞天》(图4-2-5)。编导:戴爱莲。1954年由中央歌舞团首演。首演者:资华筠、徐杰。该舞获得第五届世界青年与学生和平友谊联欢节舞蹈比赛铜奖。该舞是我国第一部根据敦煌画中香音女神(飞天)的形象创作的舞蹈作品。编导继承和发扬了我国传统舞蹈中长绸舞的技法,以凝练的舞蹈语汇和抒情浪漫的手法,神形并茂地将"飞天"的形象再现于舞台上。

图 4-2-5　舞蹈家戴爱莲和《飞天》舞

5）独舞《春江花月夜》（图4-2-6）。编导：栗承廉。1957年由北京舞蹈学校首演。表演者：陈爱莲。该舞获得第八届世界青年与学生和平友谊联欢节舞蹈长舞金奖。《春江花月夜》原是柳尧章根据传统琵琶曲《夕阳箫鼓》改编并易名的一首乐曲，表现的是夕阳西下时人们在箫鼓伴奏下轻歌曼舞和摇橹归舟的动人景象。舞蹈表现了一位古代少女在春天的月夜，漫步于江边花丛中，触景生情，幻想着自己将来美满、幸福的爱情生活。

图4-2-6　舞蹈艺术家陈爱莲《春江花月夜》

（2）民间舞

民间舞是由劳动人民在长期历史进程中集体创造、不断积累和发展而形成的，并在广大群众中广泛流传的一种舞蹈形式。

中国的民间舞，是在中国56个民族漫长的形成、发展、融合的过程中由广大人民群众共同创造的既有中国特征又有本民族特色的各种民间舞蹈。其扎根于生活，且具有广泛的群众基础，在群众的集体传承中历经筛选与变化，跨越了数百年的社会变迁而流传至今。

中国民间舞的主要形式有汉族北方的秧歌；南方的采茶灯舞、花灯舞；满族的莽式舞；维吾尔族的麦西来普；藏族的弦子舞；蒙古族的筷子舞等。

代表作品有如下几个。

1）独舞《盅碗舞》（图4-2-7）。编导：贾作光。1960年首演。表演者：莫德格玛。这一现代民族民间独舞作品来自蒙古族民俗舞，在内蒙古鄂尔多斯地区广为流传，因以酒盅和碗为道具而得名。

2）独舞《长鼓舞》（图4-2-8）。编导：李仁顺。由中央歌舞团首演。表演者：崔美善。长鼓起源于我国的宋代，后来传到朝鲜半岛，成为朝鲜族的主要打击乐器。《长鼓舞》将朝鲜族女性特有的精神和气质诠释得淋漓尽致，深刻地展现出朝鲜族人民的历史文化、精神风貌和生命状态。

图4-2-7 《盅碗舞》

图4-2-8 《长鼓舞》

3）独舞《摘葡萄》。编导：阿吉热合曼。改编者：阿依吐拉、隆征秋。1959年首演。表演者：阿依吐拉。其于1959年获得第七届世界青年学生和平与友谊联欢节舞蹈比赛金奖；1994年获得"中华民族20世纪舞蹈经典评比"经典作品奖。该舞表现了维吾尔族姑娘在葡萄丰收时的喜悦心情，舞蹈虽然表现的是劳动，却没有对劳动过程进行模拟，而是着眼于对劳动时思想感情的描绘。

4）独舞《水》。编导：杨桂珍。1980年首演。表演者：刀美兰。舞蹈以美丽的西双版纳为背景，烘托傣族人民生活在河谷平坝上的怡然自得和如诗画般的田园风情。作品用舞蹈语言诠释了傣族少女悠然自得、端庄美丽的仪态，并以傣家传统的"彼美如象"的审美观展现了傣族舞蹈"三道弯"与"一边顺"的舞姿形象。

5）独舞《雀之灵》（图4-2-9）。编导：杨丽萍。1986年，中央民族歌舞团首演。表演者：杨丽萍。该舞于1986年获第二届全国舞蹈比赛编导表演一等奖，1994年获得"中华民族20世纪舞蹈经典评比"经典作品奖。舞蹈以傣族民间舞蹈为基本素材，从孔雀的基本形象入手，以形求神，不仅使孔雀的形象惟妙惟肖地展现于观众面前，而且创造出一个精灵般的高洁的生命意象。

图4-2-9 杨丽萍的《雀之灵》

(3) 芭蕾

"芭蕾"是"Ballet"的音译，源自意大利语"跳舞"一词，是指流行于欧美的一种古典舞蹈和舞剧形式，并综合了音乐、戏剧、哑剧和舞台美术等形式的舞蹈艺术品种。芭蕾孕育于文艺复兴时期的意大利，形成于17世纪后期的法国，于18世纪传入俄国，19世纪初成长为独立的戏剧艺术。故"芭蕾"起源于意大利，兴盛于法国，鼎盛于俄国，最终从俄国走向了世界各国，先后形成了意大利、法兰西、俄罗斯、丹麦、美国和英国等学派。1581年，意大利芭蕾大师巴尔塔扎·德·博若耶编导了《皇后喜剧芭蕾》。这部取材于荷马史诗的作品，情节连贯，结构完整，融舞蹈、音乐、戏剧于一体，被认为是第一支真正的芭蕾。

芭蕾有以下几个流派：

1) 浪漫芭蕾。18世纪末19世纪初，浪漫主义芭蕾的兴起是芭蕾发展史上的一个"黄金时代"，浪漫芭蕾的艺术特征是喜欢表现神秘莫测的超自然境界，热衷于传达人们在世俗空间中难以如愿的理想，富于浓重的抒情色彩和理想成分，在舞剧中大多表现一些非现实的仙凡之恋。在舞剧题材上创造的"童话神话"取向，在审美观念上奠定的"轻盈飘逸"理想，在动作指向上确立的"垂直向上"习惯，在服装风格上形成的"白色纱裙"模式，也成为法兰西学派芭蕾高贵典雅、严谨规范、表现细腻、动作舒展的浪漫主义艺术特征。

"脚尖舞"（图 4-2-10）被当作芭蕾的典型形象，究竟是从哪位芭蕾女舞者开始用脚尖跳舞的？她是具有法国、意大利和瑞典血统的塔里奥妮。玛丽·塔里奥妮，1804 年出生于瑞典首都斯德哥尔摩。她的父亲是意大利优秀的芭蕾教师和编导家，他梦寐以求的心愿是让女儿成为浪漫芭蕾的世纪之星。1832 年，老塔里奥妮为女儿创作了浪漫芭蕾处女作《仙女》，塔里奥妮第一次在巴黎歌剧院大舞台用脚尖技术将仙女的形象塑造得惟妙惟肖。

图 4-2-10　"脚尖舞"

被称为"古典芭蕾之父"的是法国芭蕾大师马里乌斯·彼季帕（1818—1910）。他与其俄国弟子列夫·伊凡诺夫共同创作的《睡美人》《天鹅湖》《胡桃夹子》（图 4-2-11 和图 4-2-12）成为芭蕾史上最受人们和评论家喜爱的作品。

图 4-2-11　《天鹅湖》

图 4-2-12　《胡桃夹子》

2）现代芭蕾。艺术如同每个人的生物生命和历史使命都是有限的一样，芭蕾的每个时期都在走完自己的生命旅途。继浪漫芭蕾、古典芭蕾之后，面对现代舞的大潮出现了现代芭蕾。现代芭蕾的特点有以下几个：第一，反传统芭蕾所崇尚的古典唯美主义，在动作上改变外开的唯一审美标准，寻找回归远古律动的做法；第二，创作思想自由开放，敢于吸收一切有益的东西为自己所用；第三，创作手法多样化，摒弃固有的观念与模式；第四，在内容和形式上深受现代舞的影响。

被称为"现代芭蕾之父"的米哈伊尔·福金（1880—1942）出生于圣彼得堡，创作了《仙女们》，首演于圣彼得堡。这个作品被称为芭蕾史上的"第一部无情节芭蕾"，被史学家誉为"现代芭蕾的处女作"。

3）中国芭蕾。芭蕾约在20世纪20年代传入我国。接受了俄罗斯学派的芭蕾舞剧艺术的熏陶后，由中国人上演的外国经典芭蕾舞剧逐渐走进中国人的艺术视野。1956年，北京舞蹈学校上演了第一部外国舞剧《无益的谨慎》；1958年，第一次上演了《天鹅湖》。白淑湘成功地扮演了女主角"奥杰塔"，被称为"中国第一只白天鹅"。改革开放以来，中国的芭蕾创作和演出空前活跃，题材广泛，风格多样，并在民族化方面作了大胆有益的尝试，出现了《祝福》《雷雨》《林黛玉》《蓝花花》等一批受到观众欢迎的作品。从此，中国芭蕾走上了自己的历史道路。我国的民族舞剧《丝路花雨》，被欧美人称作"中国芭蕾"。

（4）现代舞

1）西方现代舞。西方现代舞始于19世纪90年代至20世纪初，是在欧美兴起的一种舞蹈流派。其主要美学观点是反对古典芭蕾因循守旧、脱离现实生活和单纯追求技巧的形式主义倾向，主张摆脱古典芭蕾过于僵化的动作程式的束缚，以合乎自然运动法则的舞蹈动作，自由地抒发人的真实情感，强调舞蹈艺术要反映现代社会生活。

美国女舞蹈家伊莎多拉·邓肯（1877—1927）被称为"现代舞之母"（图4-2-13）。她受到当时浪漫主义思潮的影响，向往原始淳朴的自然，主张"舞蹈家必须使肉体与灵魂结合，肉体动作必须发展为灵魂的自然语言"，因此，她的舞姿流畅协调，充满着自由、激情和活力。邓肯虽然为现代舞做出了开拓性的贡献,但她并未建立成系统的训练体系,也未留下任何传世作品。

系统地为现代舞建立起一套较为完整的理论与训练体系的是匈牙利人鲁道夫·拉班(1879—1958)。他创造了一种被称为"自然法则"的训练方法,把人体动作归纳为由砍、压、冲、扭、滑动、闪烁、点打和漂浮八大要素构成,认为正确处理各要素之间的关系,就能组成各种新的动作。他创造的"拉班舞谱"至今仍是世界上最有影响的舞谱之一。

图 4-2-13　伊莎多拉·邓肯

西方现代舞的代表作品有以下几个:

①《马赛曲》编导。邓肯。于 1915 年首演于巴黎。表演者:邓肯。她具有民主主义思想,十分同情革命,当她从流血的、英雄的法国回来,看见美国政府对战争漠不关心的态度时,心中充满了义愤,当晚在美国大都会歌剧院演出完毕,即兴表演了《马赛曲》,号召美国青年站起来保卫自己时代的最高文明。

②《前进吧!奴隶》。编导:邓肯。于 1917 年首演于纽约。表演者:邓肯。这是一部歌颂俄国农民争取自由斗争的作品,表现出人们对于自由的渴望,并暗示最终自己也将获得自由和一切热爱自由的人都充满着希望和快乐。

③《劳工交响曲》。编导:泰德·肖恩。1931 年首演于美国。表演者:泰德·肖恩男人舞蹈团。舞蹈是关于劳动者的颂歌。粗壮的手臂、结实的手掌和身板、有力的肌肉,这是男人力量和美感的呈现。

④《天使的乐园》。编导:玛莎·格雷厄姆。1948 年由玛莎·格雷厄姆舞蹈团首演。这出抒情舞蹈先后用白衣女子象征女性的成熟之爱;黄衣女子象征少女之爱;红衣女子象征女性的肉体之爱。它揭示了女性

爱情的三个方面，描述了青春的可爱、欢悦和嬉戏以及初恋时少女忽喜忽忧的心情。

⑤《春之祭》编导：皮娜·包希。1975首演于德国乌帕塔尔。表演者：乌帕塔尔舞剧团。创作者将《春之祭》的焦点放在表现祭祀场面与过程中，表现了人为了生存而进行斗争的惨烈状态与感觉。

2) 中国现代舞。中国现代舞也是"新舞蹈"的概念，是由吴晓邦先生从日本带回中国的。新舞蹈的概念主张："与旧有的古典芭蕾彻底划清界限，努力创造出一种在思想观念、训练体系、创作方法和舞蹈形象上具有全然'新'意的舞蹈。"吴晓邦先生也因此被称为"中国现代舞之父"。中国现代舞作为舞蹈的属类概念，确立于20世纪80年代，是中国当代舞蹈实现舞蹈艺术从传统向现代转换的艺术革命。除了受到西方现代舞的影响，其根本的原因则是中国舞蹈自身文化建构与文化变革的内在需求，因此20世纪80年代后涌现了大量的具有中国特色的现代舞作品。

中国现代舞的代表作品有以下几个：

①《饥火》。1942年首演于广东。表演者：吴晓邦。该舞在1997年获得20世纪中华民族舞蹈经典作品金奖。作品表现了一个骨瘦如柴、衣衫褴褛的人在饥寒交迫中挣扎，最后暴尸街头的悲惨情景，深刻地揭示了"朱门酒肉臭，路有冻死骨"的黑暗社会现实。

②《空袭》。编导：戴爱莲。该舞1942年首演于重庆，表演者：戴爱莲、吴艺等。该舞包含着深情和愤怒，表现了在敌人践踏的土地上，千万个母亲的丧子之痛，以"白发人送黑发人"的惨剧揭露日本侵略者泯灭人性的行径。

③《希望》。编导：王天保、华超。该舞1980年由南京军区前线歌舞团首演于南京。表演者：华超。1980年获得全国舞蹈比赛表演一等奖和创作二等奖。舞蹈以象征的手法表现了一种人类共有的情感历程：在黑暗中探索，在痛苦中挣扎，在期待中等待，在失望中消沉，在绝望中抗争，最终在斗争中迎来了光明与希望。

④《潮汐》。编导：王玫。该舞1988年由广东舞蹈学校首演于北京。

第四章 艺术美

表演者：乔扬、秦立明、金星等。该舞表达了一种"潮汐"中的情感，又用"潮汐"表达作者对舞蹈本质的追求，在情感的形式中显现舞蹈家的个性创造，最终揭示出现代人心中的"潮汐"运动。

⑤《神话中国》。编导：曹诚渊、乔扬、秦立明、沈伟等。1993年由广东现代实验舞团首演于广州。表演者：乔扬、秦立明、沈伟等。《神话中国》借助那些从远古开始就奇特地伴随着中国的历史并执着地影响着中国人思维方式的神话去讴歌、反省或批判中国的历史和文化。它在创作观念上与方法上给当代中国舞蹈提供了刺激与思考。

⑥《半梦》。编导：金星。1993年由金星现代舞团首演于北京。表演者：金星（图4-2-14）等。《半梦》包括两个部分：一是"显梦"梦的表面内容；二是"隐梦"隐藏在作品中的真实寓意。舞蹈中，金星透过忧郁的眼睛，以及眼中流露出的对于"美丽毁灭"的深切的痛楚，告诉我们何为魂牵梦萦的追求。

图4-2-14 中国舞蹈家金星

三、艺术特性

1. 律动性

透过舞蹈有形的外壳，钻进去，往里，又往里，那里许是绵长深邃的长阶。当觉得渐渐接近最底层时，你一定已然化为无。你亦无，长阶亦无，而唯其无，似乎更是无所不在。找不到长阶之底的同时，也找不

到自己时，你们一同成为无所不在却决不解说、不可解说、不存在解说、不解说的震颤，只源于人类生命的灵性并与之同在的那种震颤。它有弱、有强、有柔、有刚、有弛、有张、有涩、有畅。它，就是律动。律动，是舞蹈的灵魂。从内向外看，尤其能直观这一真谛。律动，赋予生命的原始躁动以节奏和秩序，使之化为一种情调，可洞若观火地呈现出来。律动的核心即力的样式。律动力的样式变化丰富，最能直接而显著地表现出舞者的气质、情愫和千种韵致。

2. 动态性

舞蹈艺术最基本的特性之一是动态性。所谓动态性，是指舞蹈以人体的躯干和四肢作为主要工具，并通过各种动作姿态和造型来形象地反映客观事物和人物的精神世界，塑造舞蹈形象。这种人体的有节律和美化的动作，并不是一般动作的堆砌和罗列，而是作为一种形象化的舞蹈语言呈现在人们的眼前。舞蹈创作者的形象思维和艺术构思主要是通过这些动态性的语言来充分展现，并创造出鲜明、生动的舞蹈形象的，因此，有人也将其称为动作的艺术。

3. 强烈的抒情性

舞蹈是人类感情最集中、最激动时的表现形式。形体动作能抒发人最激动时的心态，表达丰富的内在感情。闻一多曾说："舞是生命情调最直接、最尖锐、最单纯而又最充足的表现。"我们从古代文物和历史资料中可以得知，原始人的舞蹈状态和形式主要是抒发他们的内心激情，表现生命的无限活力。舞蹈的这种特点，充分体现出它的强烈抒情性。

4. 虚拟和象征性

舞蹈与其他表演艺术的又一不同之处是虚拟性和象征性。

从包容着我国汉族古典舞蹈的戏曲来说，它的舞蹈动作（如骑马、划船、坐轿、刺绣和扬鞭等）都是虚拟和象征性的。事实上，舞蹈中的马、船、轿、针等都是虚拟的，仅用一根马鞭或一支船桨等来作为象征性的示意，但这种假设性的舞蹈动作却可以被观众承认和接受。在环境的表现上，既无山的模型，又无河的布景，但是双手示意攀登，向高处抬腿示意，却使人们相信这是在爬山。观众确信一连串的大跳、旋转和翻滚动作是在表现战斗，深信这个舞台就是硝烟弥漫的战场。

5. 造型性

舞蹈动作不是对生活中自然形态的模拟，而是遵循舞蹈艺术的规律进行提炼、加工和美化的舞蹈语言的基本单元。由舞蹈动作所组成的舞蹈组合——舞蹈语言在人们的眼前瞬间即逝，如果不能给观众留下印象，那么就不可能发挥舞蹈艺术的魅力和功能。舞蹈的造型性就是让舞蹈动作在连续流动的过程中给人以明晰的美感，并且在片刻的停顿和静止时呈现出舞蹈内在的含义和韵味。

造型性的特点是动中有静、静中有动、动静有序。动与静二者皆美。造型性能充分展现人体线条和动作的美，集中反映人的内在精神。

四、审美特征

舞蹈是以经过加工提炼、组织和美化了的人体动作为主要艺术表现手段来反映社会生活，塑造艺术形象的一门独立的艺术作品。对于舞蹈的本质特征，国外和国内著名学者从不同的角度论述了各自的看法。英国舞蹈家认为："舞蹈身来被认为是由感情产生的运动。"美国舞蹈家认为："舞蹈是身体的一种有节奏的运动。"18世纪法国伟大舞蹈编导家、理论家让·乔治·诺维尔在《舞蹈和舞剧书信集》一书中认为："人类的感情达到了语言不足以表达的程度，情节舞就会大大奏效……要描绘的感情越强烈，就越难用语言来表达它，作为人类感情顶峰的喊叫，也显得不够，于是喊叫就被动作（舞蹈）所取代。"我国当代舞蹈家吴晓邦说："舞蹈是一种人体动作的艺术。凡是借着人体有组织和有规律的动作，通过作者对自然或社会生活的观察、体验和分析，然后用精炼的形式和技巧集中地反映了某些形象鲜明的人物和故事，表现个人或多数人的生活、思想和感情的，都可称为舞蹈。"中国古代的《毛诗序》中对舞蹈特征的观点也是深刻而独到的。《毛诗序》中写道："情动于中而形于言，言之不足，故嗟叹之，嗟叹之不足，故歌咏之，歌咏之不足，不知手之舞之，足之蹈之也。"这一精辟的见解说明舞蹈是人类感情最集中、最激动而又无法抑止时产生的。闻一多在《说舞》中写道："舞是生命情调最直接、最实质、最强烈、最尖锐、最单纯而又最充足的表现。"这些论述都深刻地概括和阐明了舞蹈的审美特征。

五、表现手段

舞蹈以人体的躯干和四肢作为工具，通过头、眼、颈、手、腕、肘、臂、肩、身、胯、膝和足等部位的协调活动，组成具有节奏感的舞蹈动作、姿态和造型，直接表达人的内心活动，反映社会生活。表演性的舞蹈艺术则以舞蹈动作、舞蹈动作组合、造型、手势、表情、构图和哑剧等表现手段来塑造典型化的舞蹈形象，表达人物的思想感情，展现完整的内容美和形式美。

第三节　雕塑美

素材十四

一、雕塑的概述

雕塑是指为美化环境或用于纪念意义而雕刻塑造的具有一定寓意、象征或象形的观赏物和纪念物。雕塑是造型艺术的一种，又称雕刻，是雕、刻、塑三种创制方法的总称。其是指用各种可塑材料（如石膏、树脂、黏土等）或可雕、可刻的硬质材料（如木材、石头、金属、玉块、玛瑙、铝、玻璃钢、砂岩、铜等）创造出具有一定空间的可视、可触的艺术形象，借以反映社会生活并表达艺术家的审美感受、审美情感、审美理想的艺术。雕和刻通过减少可雕性物质材料来达到艺术创造的目的；塑则通过堆增可塑物质性材料来达到艺术创造的目的。

目前所知人类最早创作的雕塑之一，是在奥地利维林多夫发现的，美术史家称之为《维林多夫母神》雕像（图4-3-1）。那是一尊很小的女性裸体雕像，高度仅为11厘米。据考证，这是距今20 000年左右旧石器时代晚期奥瑞纳文化期的产物。雕像的体积虽然很小，但是却表现出了女性丰盈、成熟的体态，显示了宏伟的纪念碑式的气度。这尊雕像由许多大小不等的球体组成，而这些球体又都服从于蛋形石块原来形态的大轮廓。各种球体依据人体结构的生理特征有序地组合在一起，成为统一的人形，给人以整体、单纯、厚重的体积感。由此可见原始雕塑家已会使用雕塑语言和丰富的造型想象力，从而开创了雕塑艺术历史的新纪元。

图4-3-1　《维林多夫母神》雕像

二、雕塑的分类及功能

在日常生活中，雕塑已经不是一种让人感到陌生的艺术品了，城市、校园等公共空间中都会出现各种题材的雕塑作品。雕塑作品大致可以分为纪念性雕塑、主题性雕塑、装饰性雕塑、功能性雕塑以及陈列性雕塑五种。

纪念性雕塑，顾名思义，是指以历史上或现实生活中的真实的人或事件或者是某种共同观念为主题创作的，用于纪念重要的人物和重大历史事件，如我国著名雕塑家吴为山为南京大屠杀纪念馆设计创作的系列雕塑（图4-3-2），使人们观看后，心情久久不能平复。

图4-3-2 南京大屠杀纪念馆系列雕塑

主题性雕塑是指某个特定地点、环境、建筑的主题说明。它必须与环境有机地结合起来，必须有主题，使观众明显地感到环境的特性。它可具有纪念、教育、美化、说明等意义。主题性雕塑揭示了城市建筑和建筑环境的主题。如苏州东山镇的紫金庵的罗汉泥塑（图4-3-3），相传出自宋代民间雕塑家雷潮夫妇之手，但也有人认为出自明代邱尼陀之手。紫金庵内存有16尊泥塑罗汉像。每尊罗汉高115厘米左右，分别安置在左右佛龛上，均为坐像。这些作品表现了中国古代雕塑写意传神的特点，显示了古代匠师的高超艺术创造才能，是中国雕塑美术史上少有的佳作。世人称紫金庵罗汉泥塑为"天下罗汉二堂半"之一堂，是中国雕塑美术史上的文化遗产。

图4-3-3 苏州紫金庵罗汉泥塑（局部）

装饰性雕塑是城市雕塑中数量比较大的一个类型。这类雕塑比较轻松、欢快，可以带给人美的享受，因此也被称为雕塑小品。这里专门把它作为一类来提出，是因为它在人们的生活中越来越重要。装饰性雕塑存在的主要目的就是美化你的生活空间，小到可以是一个生活用具，大到可以是街头雕塑。其所表现的内容极广，表现形式也多姿多彩。它创造一种舒适而美丽的环境，可净化人们的心灵，陶冶人们的情操，提高人们对美好事物追求的热情。我们平时所说的公园景观雕塑（图4-3-4），大多都是这类雕塑。

图4-3-4　苏州工业园区《圆融》雕塑

功能性雕塑是一种实用雕塑，是将艺术与使用功能相结合的一种艺术形式。这类雕塑可以是私人空间中的物品，如特制的台灯座；也可以是公共空间，如游乐场中的动物造型的滑梯和休息椅（图4-3-5）等。它在美化环境的同时，也丰富了环境，启迪了思维，让我们在生活的细节中真真切切地感受到美。功能性雕塑主要突出的是实用性。

图4-3-5　伦敦街头公共休息椅

陈列性雕塑又称架上雕塑。由此可见，其尺寸一般不大，虽然也有室内、室外之分，但它是以雕塑为主体来充分表现作者自己的想法和感受、风格和个性的，甚至是某种新理论、新想法的试验品。它的形式和手法更是让人眼花缭乱，内容题材更为广泛，材质应用也更为现代化，一般在博物馆（图4-3-6）中比较常见。

图 4-3-6　苏州御窑金砖博物馆中的古代街道模型

三、中西方著名雕塑鉴赏

1. 人类的第一件巨型雕像——《狮身人面像》

说到埃及文明，首先，人们想到的是古埃及的金字塔。它是埃及文明的最伟大成就，高高耸立的金字塔把王权和神权的稳固性强烈地表现了出来。位于埃及吉萨高地的金字塔群安葬着第四王朝祖孙三代：胡夫、哈夫拉、曼考拉。其中，哈夫拉金字塔的东北方向蹲坐着一尊神圣的护墓神像——狮身人面像（图 4-3-7）。狮身人面像是在一块软石灰石小丘的基础上雕刻而成的，雄踞在巍峨的金字塔旁，为原有的法老墓增添了几分威仪与神秘。

（a）　　　　　　　　　（b）

图 4-3-7　《狮身人面像》

（a）狮身人面像局部；（b）狮身人面像整体

公元前 2600 年左右，无数工匠被派去修建哈夫拉金字塔。有一天，法老哈夫拉来到吉萨高地巡视自己的陵墓，当他看到金字塔前有一座光秃秃的小山时，顿时感到不悦。建筑师告诉他，这是开采金字塔时所用石头后留下的小山包，因为石头里含有贝壳之类的杂质，所以便没有继续开采。后来，这块小山包没有被处理掉，建筑设计师们凑在一起商议对策，从埃及古代神话和小山包的外形中产生了灵感，便把小山包设计成哈夫拉的头像和狮子的身躯，既体现了法老的威严，又显示了狮子的勇猛。这是人类历史上第一座巨型雕像，高 20 米，长 57 米，算上雕像的 2 个前爪，全长 72 米。其中，面部长约 5 米，宽 4.7 米，鼻子长 1.71 米。狮身人面像头戴"奈姆斯"皇冠，两耳侧有扇状的"那姆斯"头巾下垂，前额上刻着"cobra"（即眼镜蛇）圣蛇浮雕，下颌有帝王的标志——下垂的长须，脖子上围着项圈，鹰的羽毛图案装饰着狮身。这种创造来源于图腾崇拜：把某种动物当成祖先或者神来加以崇拜，再把法老的面容雕刻在这种动物身上，就意味着法老是神的化身，借此来显示其至高无上的权威。

狮身人面像是伟大的科学与艺术的结晶，由于雕像过于庞大，前所未有，因此在雕刻过程中首先要重视雕像的整体效果。狮身人面像的造型手法极其简练和概括，既达到了一定程度的写实，又充分显示了古代埃及雕刻家们的高超技艺。

2. 威武雄壮的兵马俑

1974 年，陕西省西安市临潼区的秦始皇陵东面 1.5 公里处发现了举世闻名的大型陶兵马俑从葬坑（图 4-3-8），从此秦代雕塑的艺术魅力便被揭开了。

作为供丧葬用的俑，其在秦汉时期盛行的厚葬风气影响下发展迅速，成为雕塑艺术中的一个主要门类。另外，陪葬俑在墓室中的出现也反映了位处上流社会的人们希望在冥界继续拥有权势地位和享受与生前一样养尊处优的生活的愿望。

图 4-3-8 秦代兵马俑

(a) 秦兵马俑一号坑；(b) 将军俑；(c) 将军俑局部；(d) 跪射俑

秦始皇兵马俑于公元前209年竣工，项羽入关后，还曾将其焚烧破坏，目前共发现4个俑坑，总面积达25 380平方米。一号坑最大，其四周绕以回廊，前有5个门道，总面积约为12 600平方米，为战车、骑兵与步兵混合编组的长方形军阵；三号坑最小，平面呈"凹"字形，有木制战车和仪仗队，应为部队的核心部分——指挥部。陪葬坑中的陶俑数量众多，给人震撼之感。

兵马俑都与真人真马一般大小，制作工艺大体是模塑兼施，分段制作并组装成型，再进行细致的贴塑，刻画出眉目、须发及衣褶铠甲等，然后入窑烧制，出窑后再进行彩绘装饰，先发掘的陶俑上仍然保留着红色、蓝色、绿色、紫色和白色等色彩。陶俑的形象栩栩如生，多种多样，不仅真实地刻画了人物外貌，而且连精神面貌也刻画得十分成功：将军俑头戴双卷尾长冠，身穿战袍铠甲，手按宝剑，面部饱满，双唇紧闭，神态威武刚毅，有将军的风度；骑士俑戴圆形介帻，穿窄袖短袍和齐腰铠甲，牵马站立一边，精神抖擞。每个陶俑按照兵法布阵，众多的武士俑身材魁梧，振奋昂扬，很少有雷同的现象；即便是战马，也双目炯炯有神，表现出时刻待命的静止状态。

秦始皇兵马俑阵容强大、组织严密、气势恢宏，是秦王朝国力和武力的象征，同时，也是对秦始皇统一六国伟大功绩的歌颂。制作工匠们高超的写实水平和对人物、动物精神气质的成功塑造，都展现了那个时代雕塑艺术的非凡成就。

3. 意大利文艺复兴时期的雕塑家米开朗基罗

米开朗基罗·波纳罗蒂（1475—1564）出生于卡森提诺山谷，后来全家移居到离佛罗伦萨只有1.5公里的塞蒂尼亚诺花园，这里盛产石头。尽管父亲希望儿子长大后能够像自己一样做一名行政长官，但是当他发现儿子早已迷恋上画画且不可救药时，还是把他送进了佛罗伦萨有名的大画家、大雕塑家基兰达约的作坊去当学徒。不久后，因为雕塑的成就高于画画，小米开朗基罗就被老师推荐到梅提契家族开办的雕刻学校学习，教他雕刻的老师贝托尔多是唐纳泰罗的学生。

24岁时，米开朗基罗第一次到罗马，受红衣主教罗昂·圣戴尼之聘，为罗马这座举世闻名的大教堂——圣彼得大教堂制作一尊《哀悼基督》雕像（图4-3-9）。这是《圣经》中传统的故事题材，主要讲述了圣母对儿子耶稣殉难的悲哀之情。雕像中，死去的基督肋下有一道伤痕，脸上没有任何痛苦的表情。他横躺在圣母玛利亚的两膝之间，右手下垂，头向后仰，身体如体操运动员一般细长，腰部弯曲，表现出死亡的虚弱和无力；圣母年轻秀丽，温文尔雅，身着宽大的斗篷和长袍，右手托住基督的身体，左手略向后伸开，表示出无奈的痛苦，头向下俯视着儿子的身体。人们曾经议论说圣母这般年轻，与儿子年龄不相称，米开朗基罗却说："既然圣母是纯洁、崇高的化身，是神圣的象征，就一定能够避免岁月的折磨和世事的损毁，她所表现的是青春永恒与形象的不朽，这正是人类对美好事物的最高理想。"这件杰作一经问世就轰动了罗马全城，人们不敢相信这是出自一位青年之手，也有人猜想这是其他艺术大师的作品。这些舆论刺伤了年轻的米开朗基罗的自尊心，于是一天深夜，他潜入教堂，在烛光下把自己的签名刻在了圣母上衣的饰带上，随后，米开朗基罗一夜成名。

（a）

（b）

图4-3-9 《哀悼基督》

(a)《哀悼基督》整体；(b) 圣母上衣饰带上米开朗基罗的签名

米开朗基罗的另一件作品是《大卫》（图4-3-10）。这件举世闻名的大作的背后也有着独特的故事。出了名的米开朗基罗使佛罗伦萨人民感到十分自豪，朋友们纷纷来信希望他能够回到佛罗伦萨为故乡服务，然后给了他一块5米高的巨石。这块巨石在遇到米开朗基罗之前已经历多位艺术家之手，并留下了先辈大师的失败印记。经过3年的时间，他终于征服了这块顽石，于是人类最伟大的雕塑——《大卫》问世了。这件作品表现了米开朗基罗崇高的社会理想和审美理想。"大卫"用青年形象来表达，使形象具有坚强的意志和健美的体魄，是勇气和正义的化身。在

图4-3-10 《大卫》

此之前,"大卫"已经被多人塑造过,但全都是以凯旋的胜利者形象出现在世人面前,这次,米开朗基罗一改传统概念上的"大卫"形象,而塑造了一位思想成熟,外表轻松,目光坚定、沉着的青年,在身处决战前的瞬间,表现得泰然自若,从气势和精神上已经压倒强敌。米开朗基罗创作的《大卫》是人类永恒的英雄形象。

4. 巴洛克雕塑巨匠贝尼尼的《阿波罗与达芙妮》

乔凡尼·劳伦索·贝尼尼是意大利巴洛克艺术中优秀的建筑家、雕塑家、画家、舞台美术家和作家,从他20岁的时候的代表作品《阿波罗与达芙妮》(图4-3-11)中就可以看出其雕塑技术已经相当成熟了。贝尼尼才华出众,早年就得到罗马的红衣主教波尔盖兹的赏识。他为这位有名的大主教创作了多件作品而一举成名。这一时期,他的雕塑特点是情节生动,人物能够表现出丰富的内心活动。他力求把雕塑同绘画结合在一起,曾经大胆地说:"把米开朗基罗的造型风格和提香的绘画风格结合为一。"《阿波罗与达芙妮》就是这一时期的作品。这组雕塑取材于希腊的神话故事:太阳神阿波罗得罪了爱神丘比特,于是小丘比特向阿波罗发出了一支追求爱情的金箭,同时,又对河神的女儿达芙妮发出了一支拒绝爱情的铅箭。这件雕塑作品表现的正是陷入情网的阿波罗正在疯狂追赶达芙妮,而达芙妮则拼命逃避,就在阿波罗即将追上她的时候,达芙妮惊呼:"爸爸,快救救我。"随着喊声,河神把女儿变成了一棵月桂树。雕塑恰好表现了这一瞬间,所以达芙妮也被称为月桂女神。

(a) (b)

图4-3-11 《阿波罗与达芙妮》

(a)整体;(b)局部

贝尼尼将两个人物形象组合在一起，好像在沿着一条向上升华的轨迹在宇宙中追逐，雕塑过程中，人物动作轻盈，造型优美。作品问世后引起了全城轰动。人们惊叹贝尼尼的高超雕塑技艺，赋予了冰冷的大理石温度与生命，使人物流露着诱人的风采。这组雕塑构图奇特，表现了故事的全过程，即追逐—逃跑—变形。这个过程充满了动感，一系列的变化揭示了人物内心世界的变化与矛盾。在这之前，从未有过用静态人物造型去表现如此复杂的运动变化过程的作品，因此，贝尼尼的雕塑成就在 20 岁的时候就得到人们的认可，他也为此获得了骑士勋章。

5. 法国雕塑家巴尔托尔迪和《自由女神像》

《自由女神像》是美国纽约的地标雕塑，坐落于纽约港外的自由岛上。女神头戴花冠，手擎火炬，神情肃穆、庄重而又雄伟。这座铜像的全名叫《照耀世界的自由女神》，作者是 19 世纪法国著名的雕塑家德里克·奥古斯特·巴尔托尔迪（女神像内部支撑结构由著名建筑师埃菲尔完成）。雕塑家以母亲为楷模，经过十几年的创作，终于完成了这一巨作。美国独立一百周年之际，雕塑家将其作为庆祝的礼物赠送给美国人民。

《自由女神像》（图 4-3-12）的题材来源是有根据的，这与巴尔托尔迪的成长和学习经历有很大的关系。1834 年，在法国小城柯尔马，小巴尔托尔迪出生了，但是在他幼年的时候父亲去世了，于是母亲带着他移居巴黎，在巴黎年少的巴尔托尔迪偶然旁听了一位美术教授的课，大喜过望，便拜在画家阿里·谢弗门下开始学习绘画。后来，他又到弗朗索瓦·索瓦图门下学习雕塑。1851 年，他在拿破仑三世政变引起的战争中看到一群忠于共和政体的人民在街巷抵抗，其中有一个女子手持火炬跳过障碍物，高吼道："前进！"17 岁的巴尔托尔迪不禁惊呆了。从那一刻起，手持火炬的女子就成为他心中的自由女神。他在 22 岁时到访埃及，在众多的埃及艺术文化作品中简朴的造型、简洁强劲的线条给他留下了难忘的印象。从那些伟大的作品中，他悟出了真谛：一切真正的艺术都能表达出某种观念的力量。有一次，他独步苏伊士运河旁，忽然发现迷蒙的河面上高高地耸立着一座灯塔，于是脑海中立刻浮现出了一位美丽的女子在高举火炬引导航向。这些生活的积累和艺术创作的灵感来源最终成为这尊《自由女神像》的构思框架。

图4-3-12 《自由女神像》

（a）整体；（b）局部

6. 传统苏作雕刻艺术

苏州的工匠擅做中小件的雕刻艺术品，雕刻风格通常是以细腻优雅居多，线条婉约流畅如细长的河水。它们的特色是"小、巧、灵、精"，与北方粗犷的雕刻风格形成了鲜明的对比。

（1）苏作玉器

说到苏州的玉器雕刻，有一个人肯定会被提到，那就是明代嘉靖至万历年间的陆子刚（有作"子冈"）。相传他擅玉雕，曾雕玉水仙簪，玲珑奇巧，花托下基枝，细如发丝而不断。《苏州府志》赞："陆子刚，碾玉妙手，造水仙簪，玲珑奇巧，花如毫发。"他的玉雕作品多形制仿汉，取法于秦，颇具古意，并形成空、飘、细的艺术特点。空，虚实相称，疏密得益，使人不觉烦琐而有空灵之感；飘，造作生动，线条流畅，使人不觉呆滞而有飘逸之感；细，琢磨工细，设计精巧，使人不觉粗犷而有巧夺天工之感。如他所雕的水仙簪，玲珑奇巧，花托下茎枝细如毫发而不断，颤巍巍地显现出花之娇态。

臂搁,又称腕枕,是古代文人用来搁放手臂的文案用具,以防止墨迹沾在衣袖上,也会令人在书写时使感到腕部非常舒服。这款子刚款青玉凤鸣在竹图臂搁(图4-3-13)玉质油润,为卷轴式。一面浮雕鸣凤在竹图案;一面减地浮雕篆书元人赵孟頫《修竹赋》中的文字:"虚其心,实其节,贯四时而不改柯易叶,以比君子之德。"其后有椭圆与方形印章,分别篆书"子、刚"二字。

图4-3-13 子刚款青玉凤鸣在竹图臂搁(藏于故宫博物院)

此外,子刚款白玉螭纹簪(图4-3-14)也是非常精美的。其以白玉带皮子料雕琢而成。玉质洁白温润,褐红色皮,将皮色巧雕为长卷花尾的螭龙,两爪。簪头圆润,穿孔,可悬挂流苏。簪身下有阳文竖款"陆子刚制"四字。

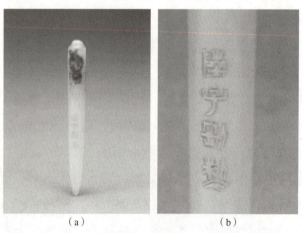

(a) (b)

图4-3-14 子刚款白玉螭纹簪(藏于故宫博物院)

(a) 整体;(b) 局部"陆子刚制"款

第四章 艺术美

（2）苏作核雕

如果大家对"核雕"一词有所印象的话，那么得从中学《语文》课本中读到的明代末年的著名散文作家魏学洢写的那篇《核舟记》说起。文章叙述了明代著名微雕大师王叔远的一件微雕作品《桃核舟》（图4-3-15），从整体到局部对这件微雕工艺品进行了细致的描述，表现了作者对王叔远精湛技术的赞美和对民间艺术的赞扬，反映了我国古代雕刻艺术的伟大成就。作者用生动简洁的语言描绘了桃核舟上栩栩如生的人物形象和景物的特点，赞美了刻舟者的精巧技艺，同时，也高度赞扬了中国古代劳动人民的勤劳与智慧。

一篇《核舟记》，惟妙惟肖地展示了明代苏州人的核雕"灵怪"之技。四百年后，苏州吴中太湖之滨的舟山村（图4-3-16）成为全国知名的核雕制作基地，该地也享有"中国核雕看苏州，苏州核雕看舟山"的美誉。图4-3-17和图4-3-18所示为舟山村的雕刻作品。

图4-3-15 《桃核舟》

图4-3-16 苏州吴中区舟山村村口

图4-3-17 核雕手串

图4-3-18 核雕花卉（图片摄于舟山核雕村）

第四节　书画美

素材十五

中国的书法与绘画，是艺术之林中的两门古老艺术。这两门艺术的中国风采、中国风格和中国气派都是世界艺林中不曾出现过的。

一、绘画美

1. 绘画美的组成

绘画是较早出现于人类生活中的艺术形式。在欧洲，史前的洞窟壁画（图4-4-1）描绘得那般细致和传神，令现代艺术家惊叹不已；而在东方，早在最古远的夏、商、周文化中，就出现了绘画般的象形文字和人面鱼纹彩陶盆（图4-4-2）。其中，那简练的线条，丰富的想象，浪漫的幻想，稚气的情趣，都足以引人步入画境。这实际上就是画。画家总是在有意识或无意识地运用这种"视觉语言"。其主要是由色彩和线条组成的。对线条和色彩的不同处理，造成了视觉语言内涵的多样。随着社会文化和文明的发展，视觉语言也不断被赋予各式各样的内容，形成不同时期、不同民族的绘画风格。世界绘画分"东方"和"西方"两大体系，二者都在人类历史中承担着以视觉图画形式实现社会思想与情感之交流的任务。

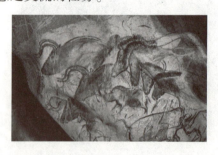
图4-4-1　史前壁画

图4-4-2　人面鱼纹彩陶盆

第四章 艺术美

可见,同其他艺术一样,绘画也有其本质的、共同的规定性,而这些规定性就构成了绘画美的基本要素。这些要素一般认为有以下几个方面。

(1) 立意

立意就是确定画的内容与主题。立意好像以形传神。晚唐张彦远沿袭的传神论,更趋明晰与完善。他在画论中说:"意存笔先,画尽意在,所以全神气也。"可见,立意就是指画家在观察、感受和理解客观对象之后所产生的一种蕴含情意的创造意图,即艺术构思的结果。郑板桥通过观察和艺术创作的实践,提炼出"眼中之竹""胸中之竹""手中之竹"的理论,创作了《墨竹图》(图4-4-3)。"眼中之竹"是自然实景,是对自然的观察和从中体验画意;"胸中之竹"是艺术创作时的构思;"手中之竹"是艺术创作的实现。他把主观与客观、现象与想象、真实与艺术有机地融为一体,创造了师承自然而又高于自然的境界,所以在中国画中,这种以意使法来实现主题的创作方法一直被奉为正宗。这是很有道理的。

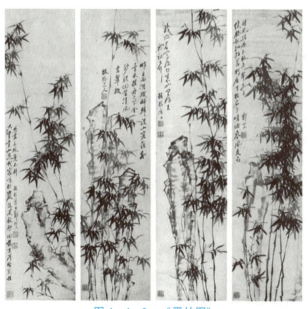

图4-4-3 《墨竹图》

绘画在有了画题后,就可以准备创作能表达题旨的艺术形象了。对于画家来说,应选取、捕捉那最有意义的一物或一瞬间来展示其整体,暗示其画意。一幅立意很美的画，让人感到虽然笔墨不多，但是意境却很深远。罗中立的油画作品《父亲》（图4-4-4），用一个饱经沧桑、目光凝滞的农民形象表现出人们赖以生存的土地和人民。珂勒惠支善于用粗犷的线条勾勒富有情感的背影。其油画《面包》就给人以独特的感染力。在中国古代的写意山水和写意花鸟画中，那几只花片叶的随意点染，更是俯抬皆是而又美不胜收。明后期徐渭的《墨葡萄图》，寥寥几笔，正中画中题跋："半生落魄已成翁，独立书斋啸画风；笔底明珠无处卖，闲抛闲掷野藤中。"立意之精、立意之巧、立意之妙、立意之深，实令后人叹服。

图4-4-4 《父亲》

（2）构图

构图是绘画艺术技巧的一个组成部分，也是绘画美的重要构成。如果立意是绘画的灵魂，那么构图就是绘画的骨骼和躯体，是画家将思想感情转化为表现形式的桥梁。

绘画艺术的特殊性要求在二维平面上表现三维空间的立体感。绘画构图如摄影镜头一样，按照所立之意选取视点，将眼睛所见的立体化为平面上的立体。当然，绘画并不是摄影。绘画的目的，不是描绘自然，而是借助构图并通过自然来表达思想情感，如《亚威农的少女》（图4-4-5）就包含了毕加索内心斗争的迹象。黑格尔以"美是理念"的感性体现表达自己的艺术理想。感情的形

图4-4-5 《亚威农的少女》

式，总是体现着深刻的理性内容。不论是抽象的绘画还是具体的绘画，构思和构图都不是抽象的，而是为画题服务的。用中国画的语言描述，即"以形传神，化意为象"。

构图有着高度的美学要求。不同的民族审美产生了构图中不同的宇宙观和空间意识。西方绘画的构图方法是立体透视,或称焦点透视。借助这种方法,在构图上可以表现出纵、横、高的立体效果。画境似可走进,似可触摸。这是自文艺复兴以来西方绘画的主要趋势——以真求美。宗白华先生说:"心、物及主观和客观问题,始终支配了西洋哲学思想,物、我是对立的。"西方绘画的景物与空间,乃是画家立在地上平视的对象,由一固定的主观立场所看见的客观世界。结果貌似客观,实则颇为主观。

中国画却不同。中国深受老庄哲学的影响,神与物游,不为物累。仰山巅、窥山后、望远山,故有并称"三远"的"高远""平远""深远"的散点透视构图法,其理论的深度和高度令人惊叹。"三远"的散点构图,完全突破了透视学的视力范围,实现了服务于"意"的取舍扬弃,使画面的分合,虚实达到统一。不论是秦汉石刻、画像砖,还是东晋顾恺之的《洛神赋图》(图4-4-6),或是唐以后流行的山水画,实际贯穿的都是这种表现方法。咫尺之图,可纳千百里之景。所谓"囊括万殊,裁成一相",即以有限表达无限。这正是由于有多方位的视点,让画家获得了更多的创作自由,跨越生活的界限,力求新颖、朴素、丰满而又富于节奏和韵律的浪漫构图。这种散点透视,形成了中国绘画的鲜明特点。内容与形式,具象和抽象,现实与浪漫,在这里都得到了辩证的处理。19世纪下半叶以来,这种由此而形成的平面造型使用了明暗处理的艺术手法,逐渐被欧洲人所理解,并启发了一批现代西方画家的创作灵感。

图4-4-6 《洛神赋图》

（3）线条

绘画中出现的线条，无论是中国画还是西洋画，都是具有表现力和感情的。一般来说，水平线显得平稳、安静；垂直线则显得严肃、庄严；曲线产生流动，给人以优美、柔和的感觉，最能抒情达意。构图就是线和线的组合，所以，线的生命就是构图的生命。它是绘画中最富有表现力的手段和造型的基本物质媒介。中国传统绘画，还吸取了书法线条这一独特的表现力，并加以发展，以书入画，形成技法上的一大特点。

中国画造型，首先要求用线"应物象形"，但更重要的是"以形写神"。为了传神，用笔时就要体现"筋、肉、骨、气"，赋予线一种内在的生命力。画重笔气，不论画山石、树木或写意，都要使线条富有书法意味，即使用中锋、锋、拖、擦、卧、倒等笔法，创造富有粗细、刚柔、顿挫、浓淡的线条。古人对线的美感和艺术效果，一再给予传神的描绘，如锥划沙、屋漏痕、折钗股，如曹衣出水，吴带当风等。南宋谢赫品评中国画"骨法用笔"为六法之一。故中国画竹为写竹，画兰为写兰。郑板桥以篆隶写竹，吴昌硕以石鼓入画，创作了《天竹棕榈立轴》（图4-4-7）。

图4-4-7　《天竹棕榈立轴》

中国画的具体笔法如皴法，乃是在线条勾勒轮廓的基础上的进一步描绘，通常采用披麻皴和劈斧皴。此外还有云头皴——嶙峋的山峰，松叶点——松树、丁字点、介字点——竹子等。披麻皴由若干平行线条组成，其运动舒缓，延绵层叠，疏密相间，给人以宁静、谐和、淡远之感。如五代的董源、巨然等江南画派，根据江南气候湿润，山石圆浑，多泥带草，山头多卵石等特征，运用了细长圆润的披麻皴，并点缀以点子皴，浓黑的墨点与淡淡的皴笔相映，显得墨彩腾发，浑厚秀润，表现出江南山水的特有情趣。代表作品为《夏山图》(图4-4-8)劈斧皴由粗壮的短线或断线组成,其运动迅速,砍、斫、刮与削往往锋利逼人,唤起人们激越、兴奋、不息之感。如北宋的李唐、南宋的马远(誉称"马一角")所选取的只是一座山等边角小景,"或峭峰直上而不见其顶,或绝壁直下而不见其脚",一株株的长松,尖而细的丛竹,形成了各自特有的风格,这风格之美正出自线条。代表作品为《踏歌图》(图4-4-9)。

图4-4-8 《夏山图》　　图4-4-9 《踏歌图》马远

(4) 色彩

阿恩海姆在其《艺术与视知觉》中指出:"一切视觉表象都是由色彩和亮度产生的……组成三度形状的重要因素是光线和阴影,而光线和阴影与色彩和亮度又是同宗。即使在线条画中,也只有通过墨迹与纸张之间亮度和色彩的差别,才能把物体的形状显现出来。"在这里,不论是状物画,还是写意画,都要求有色彩的表现。画家根据不同的题材,通过各种颜色及其浓淡变化,使画面形成不同的色调,加强画面的情感效果。在绘画的构成中色彩往往最能表达感情。毕加索在自己绘画的经历上,从"蓝色时期"向"粉红色时期"的转变,其代表作为《双臂抱胸的女人》（图4-4-10），反映出其创作情感的转变。梵高明亮鲜艳的色彩，以具有运动感的、连续不断的、火舌一样旋转的笔触为他绘画特点（图4-4-11）。每个画家对自然界物象色彩所产生的情绪不同，其作品的色调也不同，所以色彩往往体现了风格。

图4-4-10 《双臂抱胸的女人》

图4-4-11 《星空》

古典主义画家看来，色彩是增强描绘对象的真实感或逼真感的手段，而在现代主义画家看来，色彩本身就具有主题的意义，尤其是印象派绘画，从色彩上对传统绘画进行了革命。他们强调整体地观察与表现对象，强调画家的主观感受，特别善于表现物象在一定光线照射下瞬间的情景，如莫奈的《日出·印象》（图4-4-12）。梵高则用强烈的平涂色块，表现出一种装饰风味和东方色彩，洋溢着稚拙的原始美。至于抽象主义绘画的构图更是以"艺术的真实就是色彩本身的动人效果"作为指导的，彼埃特·蒙德里安的《红、黄、蓝的构成》（图4-4-13）。

图4-4-12 《日出·印象》

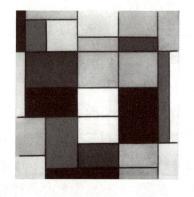

图4-4-13 《红、黄、蓝的构成》

中国画家对色彩美的认识以及运用色彩的手法是独特的。他们早就突破了自然物的固有色彩，不受光色和环境色的影响。其色彩变化也不是出在调色板上，而是出在颜色物质的提炼上。如从矿物质中提炼出的朱砂、石青、石绿、石黄、赭石等，不透明，有粉质感；从植物中提炼出的胭脂、花青、藤黄等，具有透明的可变性。将这些色彩运用到绘画中，并非为了增加真实感，而是为了加一种装饰、添一份抽象的情致。中国画更多的是使用墨，但墨又从来不是独立的黑色。墨分五色，即干（焦墨）、黑（深）、浓（次深）、淡（灰）、湿（浅灰）。正是这种黑白极差，显示了含蓄的明暗变化的素描效果。

2. 绘画的审美特征

（1）意象美

绘画的创作过程，实际就是"化意为象，以形传神"的过程。绘画美首先是意象美。何谓意象？在中国画论中，经过艺术家头脑加工、提炼、夸张、变形了的形象称为意象。意象是在立意后塑造的，并且为所立之意服务。意象是意和情的统一。意象美的关键，在于它能体现绘画艺术在表达情意上的独特性，使二维空间产生戏剧性的效果。优秀的绘画作品往往抓住一瞬间，以有限表达无限。蒙娜丽莎那转瞬一现的微笑，莫奈从窗口望见码头上云雾迷茫的光幻，荷兰风景画常选择的林间小道，都是以有限表现无限的传世佳作。

另外，中国绘画中的审美意象论与道家出世无为的思想有关。中国山水画的意境，那飘然流动的透视法，那洒落的士大夫襟度，都蕴含着画家的审美情感和审美态度。这种情感和态度都在画家笔下的形象里透露出来。

（2）形式美

绘画是美的视觉形象艺术。它的形式美体现为视觉所见的构图、线条和色彩。一幅成功的绘画作品，最引人注目的莫过于"形美"，即构图上的和谐统一，富于节奏和韵律的线条以及色彩的组合。

构图的和谐首先表现在画面的对比（如线的对比）方面。如果画面上都是水平线或垂直线,那么就会显得单调刻板;相反,如果有水平线与垂直线的对比、直线和曲线的对比,就会使静的画面出现动的效果。拉斐尔的《西斯廷圣母》(图4-4-14)的构图就是一个稳定的金字塔结构。其上部有圣母曲线优美的体态,身着飘舞的长裙,慈善安详;下部有小天使仰起活泼的脸蛋,天真而可爱,从而使整个画面充满一种人间欢乐的生气。黑白色调的对比、色彩层次间微妙的变化,也会给画面增加强烈的感情因素,并且进一步形成画面疏与密的对比,以致产生空白美的审美效果。在密处要极尽刻画,极尽涂抹之功,如现代国画大师黄宾虹、李可染的作品,浓厚的墨色中透出晶莹、深邃之感;在疏处要忍心舍弃,留下空白,显示虚灵,给人想象。

图4-4-14 《西斯廷圣母》

构图之和谐,最终表现在画面的完整上。对比注重细节的描绘,完整则追求画面的气韵生动。一以贯之,才能体现作品的风格。

(3)境界美

境界是对一切艺术品最高的评价。王国维《人间词话》论词以境界为最上,推而广之,而绘画艺术也是一样。"言气质、言神韵,不如言境界。有境界,本也。"何谓境界呢?"境非独为景物也,喜怒哀乐,亦人心中之一境界。故能写真景物,真感情者,谓之有境界。"

境界的诞生基于立意构思,以清新寓意深刻的意象表现情景的交融渗透,令人感到"笔笔为我心中所欲言,而又非我心中所能言,"进而流连忘返,此乃迷我之境。迷之越深,爱之越深,最终达到物我两忘的境界。

境界的诞生基于对空白或空间的处理、虚而为实的笔墨点化,由此产生画中诗和不绝于耳的画外音。境界的诞生在西方画中为空间,在中国画中为空白，但不论空间或空白，都要使之充实而变为创造意境的部分。中国画非常重视空白的审美价值。中国画的空白，既是无形，也是有形。这种虚实藏露的表现，便促成了以有限达无限的艺术意境，使画面充满了诗情画意，使情与景达到了有机的统一。唐王维是个诗人。他的诗人气质使画富有"余言缭绕"的弦外之音，令人触景生情，情景交融，与自然相互渗透，赋予山水画以诗的气质。安格尔的《泉》（图4-4-15）描绘了一个手托水罐、以正面姿势站立的姑娘，那优美的体态、光洁的肌肤、美妙的眼睛，栩栩如生。简单明快的形象处理，恰似少女青春的礼赞。这诗情，这画意，这不同的物象联想，恰是欣赏者的再创造；更是画家空灵和含蓄的表现。这叫作"无画处皆成妙境"。"无我之境"实则是"有我之境"。

图4-4-15　《泉》

3. 绘画美的鉴赏

作为美感经验的两种表现形式，绘画的创造活动和鉴赏活动并不是完全对立的。它们在心理过程和结构功能上是大致相同的。画家一边创作作品，一边欣赏作品；欣赏者通过理解画家的创作活动，而以某种方式参与其中。

对于优秀的绘画作品来说更是如此，因为它们那精确的立意，美妙的构图，变化和谐的色彩和线条为欣赏者提供了欣赏的客观基础。没有美的对象，就没有美的共鸣与欣赏。杰出的作品总是表达了人们心中积久而不能尽意的思想和感情；杰出的作品总是情寄四海，意满八荒，使欣赏者不仅是欣赏者，使其不仅能够从中获得画家所直接给予的画内之

情，而且还能够获得画家所间接给予的画外之意，甚至会渗入主观能动作用和创造性，对作品产生自己独到的见解，体会出比画家的理解更加深刻的意义。这不仅有助于深入揭示画面形象深广的内容，而且可以使欣赏者得到更大的审美享受。

当然，欣赏活动中鉴赏与创造的可能，同样也在于欣赏者本身的鉴赏力。这个鉴赏力的获得，需要长期的训练和培养，需要审美能力的积累和提高。所谓"读万卷书，行万里路"，即通过不断读书与实践来得到一种悟性。想要了解绘画美的形式，必须具备适应与欣赏的眼睛。这样，才能通过目之所及，运用感知、想象和联想等，去与视觉美产生共鸣。如果离开了想象、联想、理解与共鸣这些心理活动和鉴赏能力，那么就没有绘画的创作与欣赏了。当我们欣赏水墨山水或花鸟写意时，必须懂得中国画的艺术特点和技巧处理方法。在这些知识基础上，积淀形成一种创造性的想象力，于是就能从跃动的鱼虾看到水波的荡漾，从几片风帆看到江天浩渺，从二三松木想象云壑松涛。当然，只有这样，我们才能体会到梅的冰肌玉骨，竹的高风亮节，兰的志洁行芳的美感。

二、书法美

1. 书法美的组成

书法艺术的表现内容，直接取决于书法艺术的性质及书法美，二者是相辅相成的。篆、隶、楷、行、草等书体，经由社会的心理、经济、文化、艺术理想等多种原因的影响而形成。这样，书法艺术以其独特的形式展示着社会生活的一个侧面。

书法美的审美心理根源在于书法以其独特的形式，建构了一个客观与主观相统一的世界，而这种形式，就是线条的组合变化。这就是说，它以不同的结构、运笔、用墨和章法来表情达意。

自然的人化是审美意识的客观基础。从审美主体这个角度看，纯粹的高山流水，脱离人的鸟语花香，并不具有审美价值，而只有经过了人的作用的客体，才能激发出人的审美情绪。这里，就书法艺术来说，线条——这一经过了人的千锤百炼的自由形式，自然给人以较深刻的审美经验。作为艺术形态的书法，其艺术形式的构成成分，都不再是原来意义上的"随类赋形"，而是解放了的自由形式，人的自由形式，有着深刻意味的形式。而线条的造型变化，无非取决于结构、用笔、用墨和章法。

（1）书法的结构

书法写的是汉字——方块字。它具有一种建筑美与造型美。所以，结构尤其重要。"一点成一字之规，一字乃终篇之准。"不论是写大字还是写小字，都要讲究结构美。从理论上来说，结构美的获得，就是按照一定规律，把各种形态的线条组合起来，组成一个完美的整体。篆书、隶书、楷书、行书、草书都有各自的结字特点，如篆书（图4-4-16）的基本笔画就是直画、横画、弧形以及曲线等。它的结体要求整体方正而略带狭长，以纵向取势，内部结构讲究对称、均

图4-4-16　篆书

衡和平稳。隶书（图4-4-17）由于在篆书平画基础上产生了波磔，所以在结体上就显现出左右舒展的横势。楷书（图4-4-18），由于结字特点则最为规整，并体现出一种规矩和法度，因此成为结构美的艺术标准。

图4-4-17　隶书

图4-4-18 楷书

中国书法艺术中的结构美与空间美，体现了中国艺术独特的哲理情趣，即虚实相生的对立统一，和气生物的辩证思想。如"蚕不双覆，雁不双飞""计白当黑"等都是结构造型规律的具体化。行书也讲结构，多取欹侧之势，在变中求稳，并通过牵丝使转求得呼应。至于草书结体则更多变化了。各种疏密、俯仰、向背的对比，竭尽了夸张之能事，但是尽管如此，它们终究要围绕"多样统一"这个基本法则。

（2）书法的用笔

书法的结构美来自用笔。一点一画的落笔，一字结体的安排，以致整体章法的布白，莫不来自用笔的变化。用笔是体现书法艺术美的重要因素。

书法使用的大多是软笔，也就是人们通常所说的毛笔。这种笔性能柔软而富于弹性，独特的物质媒介，决定了用笔的复杂变化。在中国书法的笔法论中，有中锋、侧锋、逆锋；有逆锋起笔，中锋行笔，藏锋收笔。可以说，书法之妙，全在用笔，用笔之费，又在用锋。而在诸种用锋上，古法和今法都强调中锋行笔，只有中锋行笔，才能做到"锋开毫平""万毫齐心"。蔡邕在《九势》中说："令笔心常在点画中行，如锥画沙，如屋漏痕。"所以，要求得书法的美，必须正确运笔，以使线条富于弹性和变化。挥毫之下，尽显龙腾虎跃、横风疾雨的气势。

第四章 艺术美

(3) 书法的用墨

中国书法以少胜多。线条无非是墨的运行。自然界的色彩是纷繁缤纷的。西方绘画一向注重描摹原色，但中国艺术（尤其是中国书法艺术）却独具一格，只取黑白，以少胜多。不过，这种抽象的意味，仍然也和其他艺术形式有着共同的规律。马蒂斯的色彩，康定斯基的线条，也都有其抽象的意味。不过，书法所表达的意蕴存在于它独特的知觉形式中，一锭好墨，一点如漆。运笔时，感觉流畅，得心应手，不涩不滞，留在纸上，则神采奕奕，层次清晰，笔骨清朗，水走墨留，渗化出淡淡的墨韵。用墨与用笔是合为一体的。初学者写下的白纸黑字，有墨而无笔，这不能称作书法；只有笔墨俱到，才算书法。墨韵完全来自用笔。刘熙载在《艺概》中说："渴笔本于飞白。用渴笔分明认真，其故不自渴笔始，必自每作一字，笔笔皆能中锋双钩得之。"

墨韵主要表现为墨色变化多端。通常说墨分五色，即干、黑、浓、淡、湿。这种变化，经由用笔的轻重、疾缓、顿挫、转折、疏密、映带而造成，并产生了不同的艺术效果，表达了不同的思想情感。渴笔如颜真卿之《祭侄文稿》（图4-4-19），"凝刻心魄，收摄血泪"；润笔如王羲之之《兰亭序》，"天朗气清，惠风和畅"；浓之厚重如魏碑的雄壮；淡之优雅如米芾的《元日帖》（图4-4-20）。所有这些，都给人们留下了美的享受。

图4-4-19 《祭侄文稿》

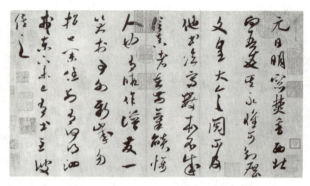

图 4-4-20　《元日帖》

（4）书法的章法

章法与结构是密切相关的，是书法艺术的总体现。广义的章法包括款式，狭义的章法则是指整幅作品的谋篇布局。章法布局的奥妙在于追求布白的变化，上留天，下留地，四傍气息相通，"密处不使透风，疏处可以走马"。那种"平直相似，状若算子，上下方整，步后平齐"的章法排列，乃书法的一大忌讳。若大胆地拓出一片空间，一块空白，则会产生不同凡响的效果，仿佛生气流转、屋宇轩豁的庭阁。所谓"实处之妙，皆因虚处而生"，确实很有道理。点画、结字在大的章法中，虽然只是一小局部，但是"一点成一字之规，一字乃终篇之准"，却切不可忽视。从落笔之际，就要寓情寄意，意在笔先，以求整篇浑然一气。这样才能形成富有整体感、浑成感的章法，并通过章法实现书法美的意境。

2. 书法的审美特征

书法美的审美特征，一般是多样的、变化的、无常的，但是，也有它稳定的一面。

（1）外在的形态

形态是外在的，由点画线条建构的。正如一个人有耳鼻口舌，臂腿手足，必须搭配得当，才能成为一个健康的人。对一个书写出来的字来说，点如人之眉目，其顾盼神采，一颦一笑都要力求透出灵气和精神；横、竖如人之体骨，必须长短适宜，平稳结实；撇、捺如人之手足，必须自由舒展，如鸟翼翩翩自得；而挑钩、转折、提如人之步履，应力求坚实有力。

这样的一个字，便有形有态，给人一种整体的美感。所以说，形态美出自线条组合的和谐。王羲之的《兰亭序》（图4-4-21），起笔处是形似露锋而实则藏锋，笔画之间萦带细如发丝，笔断意连，行如流水，偶尔出现的方笔，又显得古朴苍劲，点的运用千变万化，生动活泼，整篇的线条组合奇丽超绝，好似一位颖脱透逸的仙人。颜真卿的楷书，巧妙地运用藏锋和中锋，写出"蚕头燕尾"的笔画特征。横轻竖重，笔画端平且基本对称，左右竖画略带弧形，显得开阔雄壮，字里行间洋溢着充沛的气势，令人想豁达、耿直、豪放的男子汉。此景此情，好不美哉！

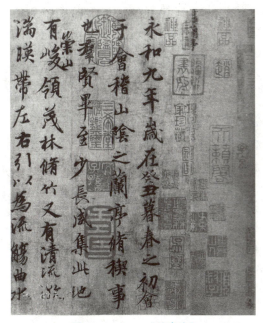

图4-4-21　《兰亭序》

（2）连贯的气势

中国书法尤其体现了中国的传统文化和哲学思想，即所谓"气"的生命本体，万物因气而生，万象随气而成。气与人相连，则成"心气"。《乐记》中写道："心气华诞者，其声流散。心气宽柔者，其声温好。"

练习书法的过程，实则练的是一种静气功。人在写字时，"全身精气到毫端，定气先将两足安"。气脉相通，腕灵手活，才能凌空取势，沉着痛快，淋漓酣畅。随着呼吸，擒、纵、收、拓，形态顿出，所以说，书法的形态美源于气、在势，所谓"横斜曲直，钩环盘纱，皆以势为主"

（南宋姜夔《续书谱·草书》）。欧阳询《三十六法》中讲："字之正者固多，若有偏侧、欹斜，亦当随其字势而结体。"不同的气势，会把同一字、同一作品营造出不同的特征，如险峻、奇巧、古拙、肃穆，由此而产生不同的气势美。

气势给人一种气脉连贯的整体艺术效果。这效果如峰峦随地势起伏，如江河蜿蜒东流，如山瀑一泻万丈。古今书法家善于从自然运动中悟得书法的气势，如"孤蓬自振，惊沙坐飞"，江瀑潮涨、蛇斗剑舞等。这些艺术效果，都能触及心灵，感人奋起。在书法创作中，以藏头护尾之法用笔，可使笔画蓄势得力，气势畅达，空中藏锋，剑拔弩张，则力在字中。可见，书法气势美的艺术效果，就是以运笔所形成的"力"和"势"为基础的。在古代书论中，谈及写点，谓作侧势；写横，谓作勒势；写垂，谓作努势，而作势才能生力。如此，可给人"力""势"之美感的满足。

（3）流动的韵律

书法作为抽象的造型艺术，以线条造型表达人的主观情感，带有浓厚的抒情意味，如歌、如诗、如舞。正因为这样，才有人把书法的形式美以流动的音符来象征。一幅好的书法作品，不仅有建筑之结构，绘画之灿烂，诗歌之意境，还有音乐般的和谐，舞蹈般的流转。

音乐和舞蹈都是节奏性和流动性的高度表现。为什么书法这一静态的造型艺术会产生如音乐、舞蹈般的韵律美呢？这完全在于线条这一独特的表现内容和形式。线条的力度、点画的处理、运笔的变化，产生了长短、粗细、刚柔、轻重、疾徐、浓淡、抑扬、顿挫、松紧、转折和曲直等不同的效果。好似不同乐器演奏多种韵律的音响，有的轻柔舒缓，有的威武庄严。线条建构了一个性灵的世界。在这个性灵世界中充分地展现了浪漫主义的"有我之境"，充分表现了人的感受和创作的内心情绪。正是这样，那筋络相连的点画，流动着一条生命与情感之河。不难想象，人们会从这条生命与情感之河中获得充足的韵律美感。

（4）超凡的风格

"世人尽学兰亭面，欲换凡骨无金丹。"《兰亭序》被誉为天下第一行书。它那妍美流便的书体,在当时的书坛上独树一帜,形成了自己的风格。风格是对书法艺术创造的最高评价,标志着书法家艺术生命的成熟。书法史上各种不同风格的作品,都有各自的审美价值,而不能流芳千古的,只是些拾人牙慧、亦步亦趋的平庸作品。

形态、气势、韵律,表现了书法作品的骨、肉、筋、血。风格则展现了书法作品的个性、神采和意蕴。苏轼说:"书必神、气、骨、肉、血,五者阙一,不成为书也。"凡具有风格的作品,古人皆称为"上品"和"入品",在古代书论的对比分品中,有张怀瓘的三品(神、妙、能),包世臣的五品(神、妙、能、逸、佳),康有为的六品(神、妙、高、精、逸、能),都是值得后人崇尚的。

风格非百日苦功,而是一生的追求。形成风格"要与天地为徒,观于其章,与古人为徒,观于其变"。须通理论、精诗词、善绘画、谙文章,然后才能有自己独特的姿态和神韵,使人一见即知其人。如"颜筋柳骨",线条浑厚刚劲,行笔沉着凝重,结体端正平稳;又如苏、黄、米、蔡的行书,线条泼辣,无拘无束,以奇险取胜。由此可见,驾驭线条笔墨的能力,就是形成风格的基础,而笔墨的使用技巧又是风格的表现形式。当然,书法家的风格也直接取决于社会风尚、文化心态和时代精神,于是,才有晋书尚韵、唐书尚法、宋书尚意、元明尚态之说。这些书法艺术的时代风格光彩照人,名垂千秋。

3. 书法美的鉴赏

书法是自由之美,也是意象之美。"身外之累,且无长物,唯书与画,犹未忘情",古往今来,多少人沉醉于其间。当然,在现实生活中,总是观者多而书者少,但是,学会欣赏将会使你成为一个出色的欣赏者,乃至成为一个出色的书者。实际上,任何艺术作品都是两个过程的统一,即书者的创作和欣赏者的欣赏,所以,要想真正地欣赏艺术,就必须使自己具备基本的艺术功底。对于书法美的鉴赏来说,应先了解书法艺术具备审美价值的基本因素。虽然不可能用一种确定的艺术标准去鉴别各种书体、各种风格和流派的书法作品,但我们却可以寻找到普遍的一般

性原则。

　　书法鉴赏和创造，贵在寻求哲理情趣。汉字的基础是象形，书法首先求得线条与物体的同构，进一步求得线条与情感的同构，如王羲之所言："书《乐毅论》有君子之风；写《道德经》有神仙之态"，进而达到主客统一与情景统一，引出一个意境深远的广阔空间。在这个广阔的空间里，书者和欣赏者都不再被局限于由那点、那线、那结体和那布局带来的愉悦，而是从这点、这线、这结体和这布局中发现高于书法本身的含义，以达到"天人合一"的艺术境界。

　　书法的鉴赏和创造贵在苦练和悟性。"书无百日功"，在较短的时间内，引导入门，学会执笔、运腕、掌握用笔方法和结字的一般规律，通过临摹而对一种书体写到形似，并非是一件难事，但是，对书法的艺术创造来源而言，则远非如此。艺术美在求新方面永无止境。接受传统和立意创新并不是矛盾的事情。传统是基础；但不是牢笼；苦练是基础，但还需悟性，俗曰不破不立，熟古今之变化，通源流之分合，化通万物，使之富有个性和风稳而且神采飞扬，此乃书法艺术的最高层次。"登高必自自卑，行远必自迩"，学书讲究"入帖"和"出帖"，未有"入"何有"出"？入帖易而出帖难。这不仅要有天分，要多写多见；而且还要"品高"，"品高则下笔妍雅，不落尘俗"，更要"学富，胸罗万有"，则"书卷之气，自然溢于行间"。更何况，书法若要表现现代人的心度和情趣，则就要有开拓和创新的精神，以让古老悠久的艺术透出时代的气息，而也只有进入这种鉴赏境界，才能对书法艺术的美有真正的鉴赏能力。

第五节　建筑美

素材十六

一、建筑美的含义

　　衣食住行是人类日常生活的基本内容。住就离不开房屋，建造房屋是人类最早的生产活动之一。早在原始社会，人们就用树枝石块建筑巢穴，用来挡风遮雨和躲避野兽的侵袭。人类社会发展到今天，房屋建筑早已超出了原始居住范围，建筑类型日益丰富，建筑技术不断提高，建筑正发生着巨大的变化。

建筑是一种技术工程。它和水利、道路等工程一样，都是为实现某种使用目的而进行的。这个目的，就是经过物质材料和工程技术来实现的，因此可以说，建筑物是一项物质产品，可是，建筑具有明显的不同于其他工程的特点。这就是建筑物的美的要求。建筑的目的在于为人类的活动提供良好的环境。一个人一生的绝大部分时间都是在和建筑有关的各种空间（包括室内和室外的）中度过的。正因为这样，人们不仅要求建筑物实用，而且总希望房屋建筑尽可能美观一些。正如印度知名度最高的古迹之一泰姬陵，被评选为"世界新七大奇迹"。它不仅是印度穆斯林艺术最完美的瑰宝，而且也是世界遗产中的经典杰作之一，被誉为"完美建筑"，又有"印度明珠"的美誉（图4-5-1）。

在建筑和建筑作品中，美是由旁观者对建筑所起的现实作用的体验而得来的。不论是简朴或是安适，抑或是优雅，都应以愉快寓于建筑物强烈感人的风采中，宁静寓于修长的水平线中，明朗寓于轻松的风格中。建筑美正是以其形体和组成空间，而给人以精神上的美感，满足人的日益增长的审美要求的。这就是所谓建筑艺术及其美的作用。黑格尔在《美学》一书中曾把建筑视为一种象征性的艺术，显然是很有道理的。

建筑创作的美学法则可以归纳为用适当的建筑手段，恰如其分地表现建筑物的真实特性。这个特性不单是指某类建筑物的共性，而更重要的是指它在典型环境中的典型性格以及在建筑形式上的统一、比例、韵律、对比、协调与和谐等。

建筑一向是一个艺术整体。对人类来说，它给人的美感是逐渐增长着的。建筑物之美具有许多特殊吸引力的因素。建筑物从来都是外部形式和内部形式的有机综合体。在伟大而不朽的建筑杰作中，这个综合体中的每一个要素都要参予全部的艺术体验。罗马斗兽场，原名弗拉维圆形剧场，又译为罗马角斗场、科洛西姆竞技场，是古罗马帝国专供奴隶主、贵族和自由民观看斗兽或奴隶角斗的场所（图4-5-2）。对于一个复杂的建筑物的评价，需要的不只是几分钟或几个小时，而是许多天或者更长的时间，即要经过由物到感觉到思维的认识过程，才能有所悟、有所收获。

图 4-5-1　泰姬陵

图 4-5-2　罗马斗兽场

(a) 罗马斗兽场外观；(b) 罗马斗兽场内部

二、建筑美的形式

由于人类对于建筑有各种不同的功能要求，因此出现了许多不同的建筑类型。各种建筑功能要求千差万别，反映在形式上必然千变万化。在建筑中，凡是具有艺术性的作品，都必须要符合形式美的规律；反之，仅符合形式美规则的建筑，却又不一定具有艺术性。形式美与艺术性之间的差别，就在于前者对现实的审美关系，仅限于物体外部形式，即符合于统一与变化、均衡与稳定等有关形式的法则；而后者则要求通过自身的艺术形象来表现一定的思想内容，要给予生气以外在形式，以形成意蕴。

1. 铺陈展开的空间序列式

建筑与绘画和雕塑不同，作为三维空间的实体，人们不可能一眼就看到它的全部，而只能在运动（即在连续行进的过程）中，从一个空间走到另一个空间，才能逐一看到它的各个部分，从而形成整体形象。由于运动是一个连续的过程，因此逐一展现出来的空间变化，也就必然保持着连续的关系，因此，人们在观赏建筑物的时候，不仅涉及空间的变化，同时，也涉及时间的变化。

建筑上铺陈展开的空间序列，实际上就是综合地运用对比、重复、过渡、衔接和引导等一系列的空间处理手法，把个别的独立空间组织成一个有秩序、有变化、统一完整的空间集群。

空间序列有两种类型。第一种类型即呈对称、规整的形式。这种形式的空间，主要是沿着一条纵轴线逐一展开空间序列，而这种序列则可以由开始段引导过渡段、高潮段、结尾段等不同区段的构成。例如，人民大会堂宴会厅，由门廊进入前厅是开始段，至衣帽厅构成第一次高潮；正对着衣帽间的大楼梯间，则起着空间的引导作用；由此上二层进入大宴会厅，在高潮中结束了整个空间序列。这种秩序本身不是孤立的，而是一种有机、统一、完整的过程，恰如大型交响乐的乐章一样。第二种类型则是不对称的、不规则的形式。这是浪漫式的布局。这种不规则的空间序列有两个明显特点：一是具有出其不意的构思；二是具有曲折轴线和不规则的视觉平衡。这就是说，在建筑布局中，建筑师有意在高潮形象到来之前，全然回避或故意不予暗示，而给人以曲折多变、意趣横生的感受。在中国的目标建筑中，经常出现"山重水复疑无路，柳暗花明又一村"的景象。这种景象特别富有诗情画意，也特别能给人以情在趣中、趣在意中、意在情中的美感享受。

2. 灵活多变的室内格局式

建筑空间可分成内部与外部两种。外部空间是建筑的形状，可构成多彩多姿的美型；内部空间则由于其灵活多变的格局布置，也能构成变

化的多种式样。在这里，我们归纳出具有典型意义的几种组合形式。

第一，走道式。这种形式就是用一条专供交通联系用的走道，连接各使用房间的空间组合形式。这种形式的主要特点，就是各房间之间没有直接的连通关系，而是借走道而连通彼此关系。这种格局，既可保证各使用空间的安静和互不干扰，同时，又能通过走道把个体连成一片，使它们之间保持了必要的联系。正因为如此，这种走道式的建筑空间，一般比较适合单身宿舍使用，如学校、办公大楼等建筑也往往如此。

第二，单元式。这种格局是以绕楼梯来布置空间的组合形式。由于它的楼梯比走道集中，因此这种形式具有周界短、单元空间规模小、平画集中紧凑等优点。这种单元式建筑，比较适合人流活动少，简单而安静，很适合人们居住，颇具有人情味。

第三，广厅式。这种建筑形式，可以通过广厅把各主要使用空间连接成一体。它的特点就是以广厅为中心，各使用房间呈辐射状态，并与广厅直接连通，从而使广厅成为大量人流集散的中心，或为整个建筑物的联系中枢。它一般适合于人流比较集中，交通联系频繁的公共建筑。如火车站、展览馆等。

第四，套间式。这种格局是使用空间互相穿套、直接连通的组合形式。这种形式不同于前三种形式，因为它把使用空间和交通联系空间明确分开，而把各使用空间直接地衔接在一起，并且由此而形成一个整体。根据套间式组合形式的特点，它较适合博物馆、大型商业中心用房的需要。

除以上四种形式外，还有很多类型，如大空间为中心式等。事实上，在建筑物内部空间的格局组合上，由于建筑功能的多样性和复杂性，因此除少数建筑由于功能比较单一而采用一种类型，绝大多数建筑都必须综合采用两种以上格局组合形式，而不同格局的建筑往往给人以不同的感受、不同的体会和不同的乐趣。

3. 鲜艳夺目的色彩分布式

在建筑艺术中，色彩的分布是一个不可忽视的问题。这是因为每种建筑材料都有色彩,并且应该和相近的材料相匹配。19世纪以前,建筑师们就把色彩当成建筑的一个必要的因素,完整地表现于各种建筑物上,古希腊人就曾用色彩来加强大理石神庙的视觉效果。如伊瑞克松神庙的爱奥尼克柱头的盘蜗就是涂上红色加上金边,与蓝色圆鼓形成了对比;在奥林匹亚,由赤陶土制成的新柱子柱头上,同样也用蓝色和金色交替勾画出一排排叶饰来。这两个例子说明,古希腊人就是这样用绚丽璀璨的色彩,强化与突出建筑形式之美的。

色彩对于人的心理和情绪上的影响是很大的,不同的色彩给人以不同的感受。红、橙、黄为暖色,青、蓝、紫为冷色。在这两个系列之间,黄绿和红紫称为调和色。暖色使人感到兴奋,冷色使人感到宁静,但是,不管是哪种色彩,都必须同建筑功能和性质以及整个环境气氛和谐地统一起来。只有这样,才能有效和完整地表达某种设想和意图。采用暖色调的房间,可以造成紧张、热烈、兴奋的气氛,因此适合于文娱和体育类建筑。体育场上的塑胶跑道往往是红色的,无疑是出于上述考虑。采用冷色调的房间,可以造成优雅与宁静的气氛,较适合居室(热天)或病房等建筑。这说明色彩与明度是相关联的。色彩越浅则明度越高,色彩越深则明度越低。正因为如此,人们在实际生活中就可以通过色彩的明暗对比来求得变化,并使建筑物表现出不同的风格特性。

在建筑色彩问题上,最重要的是主导色相的选择。这里,就外观而言,要看建筑物在其环境中突出到什么程度。是应该将其融入周围环境之中呢?还是应该将其置身于公众注目之下呢?或者是使其与相邻建筑物共处于同等地位呢?主人的愿望、邻近建筑的特征、建筑使用的目的,以及建筑师本身的审美观,都起着制约的作用。

由于采用砖石结构,西方古典建筑的色彩强调的是调和。我国古典建筑采用木构架和琉璃瓦顶(图4-5-3),很注重色

图4-5-3 琉璃瓦顶

彩的对比，以金碧辉煌和色彩瑰丽而著称于世。我国古典建筑大致可以分为两大类：一类如宫殿与寺院建筑，其色彩富丽堂皇；另一类则如园林与民居建筑，其色彩较朴素、淡雅。

当代科技的发展和建材的突破，使建筑师们在建筑这一艺术领域里，更多的获得了杰出的成就。"光亮派"建筑一出现，就引起了世界建筑界的巨大轰动。这种大轰动的出现，应该说是与色彩有直接关联的，如吉隆坡的石油双塔（图4-5-4）和上海的金茂大厦（图4-5-5）。

图4-5-4　石油双塔

图4-5-5　金茂大厦

三、建筑的美学特征

马克思说："人是按照美的法则来创造的。"这句话，一方面是说人们希望自己创造出来的东西是美好的；另一方面，确实存在着美的法则。

1. 整体环境的有机统一

只有将整体环境融合在一起，并且和周围建筑物共同组合成一个统一的有机整体时，才能充分地显示出它的美学价值和美的表现力。一个建筑物如果离开了整体环境而孤立地存在着，哪怕它本身尽善尽美，但也不可避免地因其失去烘托而大为逊色。可见，环境对于建筑的影响是很大的，因此，在拟定建筑计划时，首先面临的问题就是怎样选择合适的环境。

第四章 艺术美

建筑与整体环境的统一，主要是指两者联系的有机性。它不仅体现在建筑物的体型组合和立面处理上，同时，还体现在内部空间的组织安排上，因此，整体环境对建筑和人的影响是多方面的，若要使建筑与整体环境有机地融于一体，则必须从各个方面来考虑它们之间存在的相互影响和联系。

2. 单体造型融于群体序列

建筑物的造型是千变万化的，而每个单体建筑又充满个性。如何有机地把单体建筑融于建筑群体，是使建筑实现形式美的一个重要问题。衡量单体建筑融于群体组合的最终标准和尺度，就是要看它是不是达到了有机统一。统一是建筑美学的基本原则。由于建筑功能的要求不同、环境地形的不同和建筑师的爱好不同，统一的方式与途径可以多种多样。或者通过对称求统一，或者通过轴线引导与转折求统一，或者通过向心达到统一，或者从地形结合求统一，或者以共同的建筑体形求得统一等。例如，著名的巴黎戴高乐广场以凯旋门为中心，将十二幢建筑围绕广场周边布置。这种布局方法不仅构成了一幅完整统一的图案，而且以凯旋门为中心，如一块巨大的磁铁把所有建筑紧紧地吸引在自己周围，达到了高度统一的境地。

在一个统一的建筑群中，虽然各单体建筑的形状可千变万变，但必须具有一种统一的、谐调一致的风格。所谓统一的、谐调一致的风格，就是指那种寓于个性之中的共性的东西。这就是说，有了它就如同有了共同的血缘关系，于是，各单体建筑之间也就有了内在的联系。这种关系就是由风格而产生共鸣，结合成为同一的族类，从而达到高度和谐的统一。故宫（图4-5-6和图4-5-7）就是这方面极好的范例。

3. 构成技术与艺术形象的统一

建筑作为物质形体而存在，其发展与科学技术的发展是分不开的。建筑的构成技术是多方面的，其中主要包括建筑材料、建筑结构和建筑施工技术等各个方面。在各类艺术中，建筑可说是最受技术限制的了。

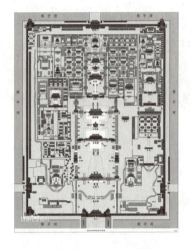
图4-5-6 故宫平面图

图4-5-7 故宫

它是创作者利用技巧和智慧，经过建筑功能和艺术的综合构思而创作出深受人们欣赏的美观形象，但是，它却不能任凭建筑师的幻想办事，即必须受到技术和人为因素的制约。与此同时，建筑师还必须利用当代技术成就，满足社会生活提出的各种功能要求，因此，建筑艺术是时代的产物，即是时代生产生活、技术、材料和意识形态的结晶。这样，建筑也就必然具有时代的特征。欧洲"文艺复兴式"的建筑（图4-5-8）就是对建筑的时代性的真实反映。

图4-5-8 科隆大教堂

现代建筑始于资本主义社会。由于社会生产技术的高速发展，社会生活对建筑提出了复杂的功能要求，因此现代建筑艺术产生了重视功能、表现材料和技术的倾向，在观感上就形成一种动的性格、快的节奏和效率的美感。我国是具有古老文明的大国，在建筑方面有着极为丰富的经验。中华人民共和国成立以后,我国在建筑构成技术和艺术形象上都有了较大的发展与突破。"北京十大建筑"就是典型的例子,如国家体育场(图4-5-9),既继承了传统,又富有新意。

图4-5-9 国家体育场

4. 寓诗情画意于自然形式之中

寓诗情画意于自然形式中,最典型的莫过于中国的园林建筑。园林不仅是自然风景的集锦,而且还是自然界优美景观的艺术再现。园林中的风景,不论是自然之景,或是模拟之景,都融入了人的情意于其中,经过主体的加工而构成了园林风景。正因为如此,园林风景才深深地打上了人的烙印。

在园林的建筑中,构成风景的要素大体上有三大类,即景物、景感和条件。景物是构成风景的客观因素(基本素材),景感是风景构成主体因素(主观反应),条件是风景构成的制约因素(是手段)。这就是说,在一定条件下,以自然景物为基础,经过主体的构思与加工,构筑成足以引起人美感的环境空间。这就要求主体做出精妙的安排。无锡的寄畅园(图4-5-10)可以说是一处十分理想的园林建筑作品。它在高度不到五米的土丘上布置了三条游览路线。第一条路线是以黄石叠置而成的一条高约两米的曲折小径,利用地面高差引进泉水,构成了跌落式的、可以发出不同音响的溪涧,人称"八音涧"。第二条路线是在山的斜坡面上,利用树林的掩蔽,开辟了一条山路。山路蜿蜒盘曲在浓荫之下,使人仿佛置于深林之道。第三条路线是在临水的小丘一侧,以小径接通抵达水面的石桥，构成了夹峙在山水之间的另一境界。

图 4-5-10 寄畅园

四、建筑的审美价值

建筑的审美价值是多方面的。其中，比较突出的主要有以下几方面。

1. 音乐的表现性

音乐是一种语言，能确切地反映个人和群体的精神品质。建筑也是如此。歌德说过："建筑所引起的心情很接近音乐的效果。"建筑最大的特点，就是不用概念来表明爱憎，而是像音乐那样诉诸人的感知过程中。这里，以音乐作比喻，则更能领略到建筑艺术美的意蕴。

近代欧洲乐曲是建立在两种基础上的。这基础便是"大音阶"与"小音阶"，或称为"大调"与"小调"。贝多芬第一交响曲根据 C 大调而作成，其命运交响曲则根据 C 小调作成。从音乐理论上解释，两种调式都遵循一个基本原则，就是既统一又变化。建筑同样必须遵循变化中求统一的原则。音乐中的小调与大调的概念、关系及处理手法，与建筑中的某些设计手法异曲同工。建筑序列与乐章的构成，在内涵上常常是相通的。人们对建筑物美的感受，就像对交响乐的感受一样，犹如源源不断的溪流（图 4-5-11）。

图 4-5-11 跳舞的房子

2. 形体的韵律性

韵律本来是用来表明音乐和诗歌中音调的起伏和节奏感的。诗和音乐的起源与人类本能地爱好节奏与和谐有着密切的联系。自然界中的许多事物或现象，往往有规律地重复出现或有秩序地变化。在生活中，人们有意识地加以模仿和运用，从而创造出各种以具有条理性、重复性和连续性为特征的美的形式——韵律美。在建筑中，这种美的形式有强烈的体现和运用，如迪士尼音乐厅（图 4-5-12）。

图 4-5-12 迪士尼音乐厅

按其形式特点，韵律美可分为几种不同类型：连续性韵律美、渐变性韵律美、起伏性韵律美和交错性韵律美。这四种类型的韵律美，既有各自的特点，又有共性。共性即都具有极其明显的条理性、重复性和连续性。借助这一点，人们可在建筑中既可加强整体的统一性，同时，又可求得丰富多彩的变化。之所以把建筑韵律美称为"凝固的音乐",是因为建筑处处都给人以美的韵律和节奏感。

3. 诗情的集结性

在建筑艺术中,一组美好的景物往往使人触景生情,引发诗兴。在中国园林建筑中,这种诗情集结性,可以说是有完美的体现。

在园林建筑中,常常是情以物兴,情以物迁。对于一组景物是如此,对于景物组成的庭院空间也是如此。在扬州公园中,一处春、夏、秋、冬四组景物的组成,可谓是"遵四时以叹逝,瞻万物而思纷"的诗意写照。这四组景用石料构思,春石翠、低而回,散点在疏竹之间,有雨春后笋、万物苏息的意趣;夏石青、凝而密,漂浮于曲池上下,有夏云奇峰、气象瞬变的寓意;秋石红、明而挺,兀立于塘畔亭侧,有荷花销翠残、霜叶红于花的意境;冬石白、柔而团,盘萦于墙脚树底,有雪花冬峻、孤芳自赏的含义。在一个小小的庭园里,集诗情与景物于一体,很能给人以深切的感染。

另外,在园林建筑中,将画意再现其中,营造出富有自然山林野趣的生活环境,也是中国建筑的一大特色。

第六节　摄影美

素材十七

一、摄影的含义

摄影,是指摄影者借助照相机、摄影机等物质材料和摄影技术手段,按照作者的艺术构思,通过瞬间画面的摄取,在二维空间的照片上塑造出三维空间的视觉形象,表达出作者的思想感情,反映社会生活的造型艺术。如李占锋拍摄的江南美景(图4-6-1)即表达出其对江南美景的喜爱。

第四章 艺术美

图 4-6-1　江南美景

摄影美学的一个重要的理论工具就是美学。1750 年，德国哲学家鲍姆嘉通提出"Aesthetic"，这一单词指称美学，这个词来源于"有感觉的"或"感性认识"的希腊文。他认为，美学应该是与逻辑分析对立的。逻辑分析研究的是抽象的理性思维，而美学要研究的是具体的感性思维。又如黑格尔提出美学应该叫"Kallistik"或者"艺术哲学"，研究对象不包括一般的美感而仅限于艺术的美。美学研究的文艺类型多种多样，并且也在随着时代的发展而变化，对于研究的具体内容美学界也有多种看法。李占锋有代表性的摄影作品如图 4-6-2 和图 4-6-3 所示。

图 4-6-2　螺旋　　　　　　　　图 4-6-3　旋转人生

摄影美学是摄影学和艺术美学的重要分支学科，它的内容建立在摄影与美学的基础之上，摄影美学的产生和发展标志着摄影正在一步步走向成熟。早期，人们对于摄影关注的更多的是其基本属性，也就是机械复制性。李占锋拍摄的如图 4-6-4 所示的饮食人生即具有机械复制性。

图4-6-4 饮食人生

例如，当时西方绘画风格倾向于写实主义，著名画家都在尽力使自己的作品更接近真实，直到摄影出现，由于照片的成像原理使得摄影具有了相较于绘画绝对的客观性与真实性，所以人们都选择摄影这个工具来拍摄很多绘画题材的作品。这就是希望借用摄影的机械复制性达到高于绘画的表达效果，而并没有着眼于摄影自身的发展。摄影美学的出现，标志着人们开始通过已有的摄影实践，研究摄影本身引发的审美活动问题。这种审美活动的产生，证明摄影自身拥有了美感的表现力及艺术的表现力，不仅绘画的辅助工具或者事件发生现场的记录工具而存在。

二、摄影元素

由于摄影作品的艺术形象具有真实、直观和可视等特点，因此摄影已成为人们非常喜爱的艺术表现形式之一。

1. 摄影构图

所谓摄影构图，是指摄影画面的布局和结构安排。摄影构图是以拍摄现场的客观条件为基础，根据作者的艺术构思，从纷繁杂乱的事物中找出秩序和重点，将被摄主体的内容组织安排在统一的画面里，以揭示一定主题内容的。李占锋拍摄的两幅作品分别如图4-6-5和图4-6-6所示。

图4-6-5 风景系列

图4-6-6 凄凄一纪元

2. 画面构成

一幅摄影作品主要由主体、陪体、环境和适当的空白等几部分组成。李占锋拍摄的烟雨山村—苗地如图4-6-7所示。

图4-6-7 烟雨山村—苗地

3. 画幅形式

画幅形式是指画框的形式，即通常讲的直取景还是横取景。杨志光拍摄的苗族婚喜（组）如图4-6-8所示，李占锋拍摄的百年一诺和穿越时光来看君如图4-6-9和图4-6-10所示，都为横取景。

图4-6-8　苗族婚喜（组）

图4-6-9　百年一诺　　　　　　　图4-6-10　穿越时光来看君

4. 拍摄角度

拍摄角度的选择对摄影构图非常重要。它直接关系到主体在画面中的位置。对于任一拍摄对象，拍摄角度都要有无穷多个。李占锋拍摄的几幅作品如图4-6-11~图4-6-14所示，都是通过不同方向、距离和高度来选择拍摄角度的。

第四章 艺术美

图4-6-11 夜色撩人

图4-6-12 异域

图4-6-13 聘袅佳人

图4-6-14 问天

5. 用光

光是摄影的灵魂,没有光就没有摄影艺术。"摄影"一词来自希腊文中的两个词:"光线"和"描写"。摄影就是在用光来作画,摄影作品因此也获得了"光画"之称。李占锋的作品如图4-6-15~图4-6-18均

· 213 ·

体现了光的重要性，因此，用光也就成为摄影艺术的重要造型手段之一。

图 4-6-15　光与影　　　　　　　图 4-6-16　小小水兵

图 4-6-17　圣光　　　　　　　　图 4-6-18　小小雷锋

6. 影调和色调

影调和色调是摄影艺术的基础造型手段。所谓影调，是指照片的阶调，即黑白照片中影像过渡的明暗层次；所谓色调，是指照片的基调。对黑白照片来说，基调有三种：低调（图 4-6-19～图 4-6-21）、中间调（图 4-6-22～图 4-6-24）、高调（图 4-6-25～图 4-6-27）。这些作品均由李占锋拍摄。

第四章　艺术美

图 4-6-19　静物

图 4-6-20　馥郁的紫蓝

图 4-6-21　联翩度碧浔

图 4-6-22　人在画中

图 4-6-23　君到故山

图 4-6-24　好朋友

图 4-6-25　饰品摄影

图 4-6-26　好喜欢

图 4-6-27 饰品

7. 线条

对于任何拍摄对象而言，都有自己的轮廓形状，都呈现出一定的线条组合。对于作品画面而言，线条和影调（图 4-6-28）密不可分，线条是影调和影调之间的分界线。线条在组成画面形象、表达主题内容方面都有着极其重要的意义。

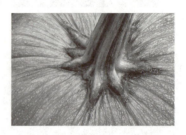

图 4-6-28 线条和影调

三、摄影的分类

根据摄影艺术不同的分类标准，可以把摄影作品分为不同的类别。如根据摄影的材料不同，可以把摄影作品分为黑白摄影（图 4-6-29）和彩色摄影（图 4-6-30）。

图 4-6-29 黑白摄影

图 4-6-30 彩色摄影

根据摄影手段和技法不同，可以把摄影作品分为普通摄影（图4-6-31）、航空摄影（图4-6-32）、显微摄影、立体摄影、红外摄影和全息摄影等。

图4-6-31　普通摄影　　　　　　图4-6-32　航空摄影

根据拍摄的内容和用途的不同，可以把摄影作品分为生活摄影（图4-6-33）、舞台摄影、体育摄影、时装摄影、建筑摄影、广告摄影、新闻摄影（图4-6-34）和摄影小品等。

图4-6-33　生活摄影　　　　　　图4-6-34　新闻摄影

根据影调不同，可以把摄影作品分为低调摄影、中间调摄影和高调摄影。

根据派别不同，可以把摄影作品分为现实主义摄影、抽象派摄影（图4-6-35）、印象派摄影和现代派摄影。

图4-6-35　抽象派摄影

根据拍摄体裁不同,可以把摄影作品分为人物摄影、风光摄影、静物摄影、动物摄影和军事摄影等。

四、摄影艺术的审美特征

1. 纪实性

纪实性是摄影艺术的本质特征。摄影表现的对象必须是实际存在的,它所表现的人物、事物和环境等都是客观存在、真实可信的。例如图4-6-36所示的由刘国兴拍摄的静候。

图4-6-36 静候(刘国兴摄)

2. 真实性

真实性是摄影艺术的本质的体现。摄影艺术作品只有真实地反映社会生活,才能具有艺术价值和史料价值。如图4-6-37所示秋日爷孙即反映了真实的社会生活。

图4-6-37 秋日爷孙

第四章 艺术美

3. 瞬间性

瞬间性，是摄影艺术的最大特点。摄影艺术的瞬间性特征包含以下两方面含义。

一方面，就摄影艺术作品的内容来说，摄影记录的是事物运动状态中的某一瞬间，通过塑造这一瞬间的典型形象来反映事物的本质，表达作者的思想感情；另一方面，就摄影艺术的创作过程也是一瞬间完成的，即摄影艺术的形象的创作，是在照相机快门启闭的一瞬间完成的。如陆纲拍摄的巾帼不让须眉如图4-6-38所示。

图4-6-38 巾帼不让须眉

4. 科学性

摄影艺术的产生和发展与现代科学技术的发展是密不可分的。科学性是摄影艺术存在和发展的前提和基础。无论是感光材料、光学镜头还是照片冲洗设施的更新换代，都依赖于科学技术的进步与发展。

五、摄影作品中的美学体现

1. 摄影作品的题材

素材不等于题材，题材是经过摄影家有目的、有意识的选择、提炼、加工，且有着美的本质的生活材料，如图4-6-39所示的作品护士即展现了生活美。

图 4-6-39 护士

2. 摄影作品的主题

摄影作品的主题是作品的灵魂，是摄影作者对待自然和生活的认识以及作者本人的审美情感和审美评价（图 4-6-40）。

图 4-6-40 武汉加油！中国加油！

3. 美的内容的形态

摄影作品中反映自然美的景观美：对自然景观美的反映；对人文景观美的反映。图 4-6-41 所示为周阳拍摄的霞光万道。图 4-6-42～图 4-6-44 所示为李占锋拍摄的三幅作品。

图4-6-41 霞光万道

图4-6-42 走在时光里

图4-6-43 祈祷

图4-6-44 宁波浙东大竹海

摄影作品中反映出社会生活的艺术形象美；摄影艺术形象的心灵美；摄影艺术形象的行为美；摄影艺术形象的伦理道德美。抢救危重病人如图4-6-45所示。

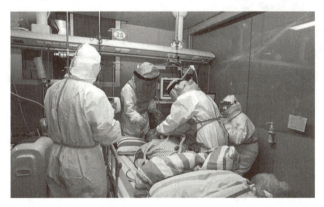
图4-6-45 抢救危重病人

4. 摄影作品中形式美的各种形态

（1）形线美

直线——刚硬、短粗线——拙朴（图4-6-46）；

曲线——柔媚、圆形——圆满、长曲线——灵秀（图4-6-47和图4-6-49）；

矩形——庄重、等腰三角形——稳定、倒三角形——活跃、多边形——变化（图4-6-48）。

注：图4-6-46~图4-6-49中的作品均由李占锋拍摄。

图4-6-46 民居

图4-6-47 江色满夕阳
霁远又飞花

图4-6-48 妙应曲星制
高分丽日辉

图4-6-49 仙境

在形线美的形态中，尤以线条美最为动人和最富感染力。

1）垂直线（图4-6-50）——赋予刚强、持重、稳定、崇高的审美感受。

2）水平线——赋予舒展、开阔、平静、稳定的审美感受。

3）折线：赋予变化、不安、紧张、动荡的审美感受。

4）斜线：赋予兴奋、活泼、运动、韵律的审美感受（图4-6-51）。

5）曲线——赋予顺畅、流动、轻柔、抒情的审美感受。

图4-6-50 垂直线

图4-6-51 斜线（玉珠峰下的青藏铁路 金沙江）

（2）影调美

由自然景物所受照明情况与其反光率不同所反映的明暗差别的阶调形成的视觉美感，如文昆元拍摄的斜阳西下（图4-6-52）。

图4-6-52 斜阳西下

影调：摄影画面中不同程度黑、白、灰等消色成分的等级反射效果，也是摄影作品的视觉要素之一。

1）黑色——沉重、稳重、压抑的视觉感受。

2）白色——纯洁、坦荡、舒朗的视觉感受。

3）灰色——大体上可以用协调、柔和与对峙、强烈两大类，如吴伟锋拍摄的自然之奥（图4-6-53）。

4）高调（明调）：赋予纯洁、高尚、轻松等视觉感受。

5）低调（暗调）：赋予深沉、凝重、悲恐等视觉感受。

6）对比调：赋予粗犷、开朗、鲜明、强烈等视觉感受。

图 4-6-53 自然之奥

7）中间调：赋予柔和、谐调、温存、平和等视觉感受。

8）基调：作品中最基本、浓缩、代表内容本质的影调。

(3) 色彩美

1）黑色：有黑暗、恐惧、抑郁的视觉，同时，另有庄重、宁静的暗示。

2）灰色：有安详、抒情、质朴的视觉感受。

3）白色：有洁白、爽朗、坦诚的视觉感受。

4）红色：有诚挚、温暖、热烈的视觉感受，同时，另有恐怖、禁止的暗示，如张超拍摄的心事（图 4-6-54）；

图 4-6-54 心事

5）橙色：有奔放、温和、快乐的视觉感受，同时，另有活泼、上进的暗示。

6）黄色：有辉煌、热情、喜悦的视觉感受。

7）绿色：有希望、和平、活力的视觉感受（图 4-6-55）。

8）青色：有高傲、安宁、典雅的视觉感受。

9）蓝色：有深邃、理智、冷淡的视觉感受。

10）紫色：有高雅、神秘、深奥的视觉感受。

色彩美的表情性是建立在审美主体长期审美经验积累或继承中而形成的。

图 4-6-55　绿色植物

1）白色系统：在中国泛指节孝的审美指向；在西方泛指纯洁、婚庆的审美指向。

2）黑色系统：在中国泛指罪孽与丑恶的审美指向；在西方泛指庄重与盛大的审美指向。

3）红色系统：红色与血、与火相联系，成为革命与奔放的审美指向。红色与交通信号相联系，成为危险与禁止的审美指向。

4）深红色：成为嫉妒与暴虐的审美指向。

5）粉红色：成为健康、健美的审美指向。

6）红葡萄酒色：成为圣餐与祭奠的审美指向。

7）黄色系统：在中国为帝王专用色，成为权力与富贵的审美指向（在中国古代也用来作为方位的象征，即东蓝、西白、南红、北黑、中央黄）；西方则是基督教内叛徒犹大的服装色，故成为下等与鄙蔑的审美指向。

8）蓝色系统：既是幸福的审美指向，同时，又是绝望的审美指向。

在中国民族传统戏剧中，色彩还被赋予了不同的人物性格象征：黑脸表意刚正、憨直；白脸表意阴险、奸诈；红脸表意忠诚、义气；黄脸表意勇猛、彪悍；绿脸表意鲁莽、侠义；蓝脸表意刚强、坚定；金银脸表意神怪、莫测等。

六、摄影作品中形式美的规律

1. 比例与黄金律

比例：数量之间的对比关系，或指一种事物在整体中所占的分量，图形与其实物相应要素的线性尺寸之比。

若比例失调，结构关系遭到破坏，则将导致形式美的消失，对画面审美的完整性认识也将失去。

黄金律：一切立体圆形中最美的形式是球形；一切平面图形中最美的是圆形；线段的比例关系中2∶3、3∶5、5∶8等视为最令人悦目的比例，如王清生拍摄的渔家好光景（图4-6-56）。

图4-6-56 渔家好光景

2. 对比

对比：具有明显差异的因素之间的相互组合。大小、长短、高低、粗细、宽窄、曲直、方圆、清晰与模糊、动静、虚实、冷暖对比。不同的色、光、线、形的造型元素在质感、量感、空间和瞬间上的对比效果如图4-6-57和图4-6-58所示。

图4-6-57 光影对比

图4-6-58 动静对比

3. 节奏

对摄影艺术形象的点、面、体、光线明暗、色彩冷暖配置中突出他们之间有规律的变化，呈现为抑扬顿挫、张弛有度、虚实藏露、疏密相间、动静结合、波澜曲折等，引发审美心理的律动和悦目的感受，如徐宝亮拍摄的疑是流金天上来（图4-6-59）。

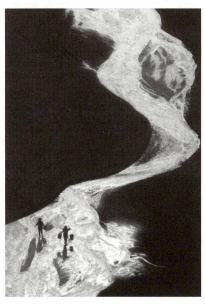
图4-6-59 疑是流金天上来

4. 多样统一

形式美的高级形态，是形式美的基本规律，往往被视为和谐。摄影画面内在形象应有大小、形状、曲直、粗细、长短、高低、正斜、色彩冷暖、影调的明暗与刚柔、强弱、重量感、光滑感、影调色调的浓淡、润燥、张弛、急缓、动静、聚散、进退、上下和扬抑等外观形式的变化与和谐，又要在丰富的变化中保持着相对的一致性。其中的代表为李占锋拍摄的如图4-6-60～图4-6-62所示的三幅作品。

图4-6-60 喜悦

图4-6-61 开心

图4-6-62 时尚

第五章　美学意境

> 初日净金闺，
> 先照床前暖。
> 斜光入罗幕，
> 稍稍亲丝管。
> 云发不能梳，
> 杨花更吹满。

这首诗为唐朝诗人王昌龄的《初日》。诗中的境界很像一幅近代印象派大师的画，画中呈现的是早晨初阳刚上，如洗练的金光，照耀着女子的金闺。日光在这幅画里是活跃的主角，它从窗门跳进来，跑到深闺女子的床前，散发着一点点温暖，接着又照进了罗帐，轻抚榻上的乐器，接着又抚摸深闺女子所吹弄的琴瑟箫笙；枕上如云的美发还披散着，杨花随着春日晨风偷进了闺房，亲昵地躲到枕边的美发上。

诗中有画，而不全是画；画中有诗，而不全是诗。这就是诗画的美学意境，需要用心去体会和感受，需要心神合一地融入其中。

第一节　意境的意义

素材十八

什么是意境？意境是指文艺作品中描绘的生活图景与所表现的思想情感融为一体而形成的艺术境界。其特点是景中有情，情中有景，情景交融。凡能感动欣赏者（读者或观众）的艺术，总是在反映对象"境"的同时，也表现作者的"意"，即作者能借形象表现心境，寓心境于形象中。广义而言，意境包括作者和欣赏者两方面。前者由作者的审美观念和审美评价水平决定，有真与假、有与无、大与小、深与浅之别；后者因欣赏者的审美观念和审美评价不同而有大小和深浅之分。人与世界接触，因关系的层次不同，可分为以下五种境界：

第五章 美学意境

1）为满足生理的物质需求，而有功利境界；
2）因人群共存互爱的关系，而有伦理境界；
3）因人群组合互制的关系，而有政治境界；
4）因穷研物理、追求智慧，而有学术境界；
5）因欲返璞归真、冥合天人，而有宗教境界。

功利境界于利，伦理境界于爱，政治境界于权，学术境界于真，宗教境界于神。化实景而为虚境，创形象以为象征，使人类的心灵具体化、肉身化。这就是"艺术境界"。艺术境界主于美。瑞士思想家阿米尔说："一片自然风景是一个心灵的境界。"

意境是"情"与"景"（意象）的结晶。王安石有一首诗中写道：

> 柳叶鸣蜩绿暗，
> 荷花落日红酣。
> 三十六陂春水，
> 白头想见江南。

前三句是描写江南艳丽的阳春美景，如图 5-1-1 所示的蛙鸣蝉噪和图 5-1-2 所示的荷柳相映；最后一句描述的是无边的惆怅、回忆的愁思和重逢的欣慰。情景交织，组成了一首绝美的诗。

图 5-1-1 蛙鸣蝉噪

图 5-1-2 荷柳相映

第二节　意境的结构特征

意境的结构特征是虚实相生。意境由两部分组成，一部分是"如在眼前"的较实的因素，称为"实境"；另一部分是"见于言外"的较虚的部分，称为"虚境"。虚境是实境的升华，体现着实境创造的意向和目的，体现着整个意境的艺术品位和审美效果，制约着实境的创造和描写，处于意境结构中的灵魂、统帅地位，但是，虚境不能凭空产生，必须以实境为载体，落实到实境的具体描绘上。总之，虚境通过实境来表现，实境在虚境的统摄下进行加工，这就"虚实相生"的意境的结构原理。

意境的本质特征是"生命律动"，即展示生命本身的美。我们民族的审美心理结构中，把宇宙境界与艺术意境视为浑然一体的同构关系。由于宇宙本身就是一种生命形式，因此诗人对宇宙境界的体验就是一种生命律动的体验，而意境恰恰就是这种生命律动的表现。人心虽小，但可以装得下整个宇宙。诗人之心，本身就是宇宙的创化，可以映射宇宙的诗心、宇宙的灵气，因此，艺术意境在本质上是一种心理现象、一种人类心灵的生命律动。文学意境作为一种人类心灵的生命律动，有三个特点，即表真挚之情，状飞动之趣，传万物之灵趣。

第三节　意境与山水

素材十九

中国的山水泼墨最讲究意境的营造。三国两晋南北朝时期，受道家思想和玄学的影响，山水画的创作已经跨进讲"实对"和重"写生"的时期，画家们开始注重实境的描绘，并提出了"澄怀味象""得意忘象"的理论和艺术创作旨在"畅神""怡情"。唐代美术史家张彦远提出了"立意"，宋代画家郭熙提出了山水画创作"重意"问题，认为创作应当

"意造",鉴赏应当"以意穷之",并第一次使用了与"意境"内涵相近的"境界"概念,代表作品如图5-3-1所示。宋元文人画的兴起和发展,文人画家的艺术观念和审美理想,尤其是苏轼在绘画上力倡诗画一体的艺术主张,以及元代画家倪瓒(其代表作如图5-3-2所示)和钱选的"逸气"和"士气"说的提出,使传统绘画从侧重客观物象的描摹转向注重主观精神的表现,以情构境、托物言志的创作倾向促进了意境理论和实践的发展。

图5-3-1 《窠石平远图》

图5-3-2 《雨后空灵图》

中国传统绘画,尤其是山水画的创作在审美意识上具备了二重结构:一重是客观事物的艺术再现,另一重则是主观精神的表现。二者的有机联系构成了中国传统绘画的意境美。传统美术所强调的意境,既不是客观物象的简单描摹,也不是主观意念的随意拼合,而是主客观世界的统一,是画家通过"外师造化、中得心源",在自然美、生活美和艺术美三方面所取得的高度和谐的体现,如图5-3-3所示的元代黄公望的《富春山居图》。

意境的构成是以空间境象为基础的,是通过对境象的把握与经营得以达到"情与景汇,意与象通"的,这一点不仅是创作的依据,而且也是欣赏的依据。绘画是通过塑造直观的、具体的艺术形象来构成意境的,因此为了克服造型艺术由于瞬间性和静态感带来的局限,画家往往通过

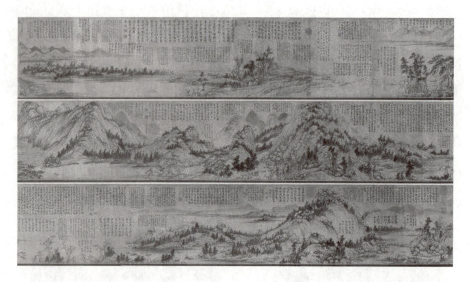

图 5-3-3 《富春山居图》

富有启导性和象征性的艺术语言和表现手法来展示时间的流程和空间的拓展。如中国传统绘画中的散点透视、虚实处理、计白当黑和意象造型等手法，就是为了最大限度地展现时空境象而采取的表现手法。一方面，这些手法使画家在意境构成上获得了充分的主动权，并且打破了特定时空中客观物象的局限；另一方面，也给欣赏者提供了广阔的艺术想象天地，使作品中有限的空间和形象蕴含着无限的大千世界和丰富的思想内容。从这个意义上讲，意境的最终构成是由创作和欣赏两个方面的结合才得以实现的。创作是将无限表现为有限，百里之势浓缩于咫尺之间；而欣赏是从有限到无限，于咫尺间体味到百里之势。正是这种由面到点的创作过程和由点到面的欣赏过程使作品中的意境得以展现出来，二者都需要通过形象和想象才能感悟到意境的美。意境就是画家用所表现形象来表达胸中之意，对山水的情感，画家把这种情感写于笔端，让后人欣赏他作品丰富的内涵，如图 5-3-4 所示的北宋王希孟的作品《千里江山图》就创造出了这种意境。

第五章　美学意境

图 5-3-4　《千里江山图》

第四节　唯美意境

素材二十

唯美意境是指抒情性作品中呈现的情景交融、虚实相生、有着生命律动的韵味无穷的诗意空间。唯美主义运动是 19 世纪后期出现在英国艺术和文学领域中的一场组织松散的运动。它强调超然于生活的纯粹美，追求形式完美和艺术技巧。它的兴起是对社会功利哲学、市侩习气和庸俗作风的反抗。唯美的艺术风格能够带给人视觉、听觉和心灵美好的意境感受。

1. 有唯美意境的句子

1）风华笔墨，后庭尘埃。便天光云影，不与徘徊。纵三千里河山，亦四十年蓬莱。青丝染霜，镜鸾沉彩。

2）染火枫林，琼壶歌月，长歌倚楼。岁岁年年，花前月下，一尊芳

· 235 ·

酒。水落红莲，唯闻玉磬，但此情依旧。

3）多少黄昏烟雨斜檐，翻开诗篇，勾起一纸江南。

4）时光静好，与君语；细水流年，与君同；繁华落尽，与君老。

5）一花一世界，一叶一如来，一砂一极乐，一笑一尘埃。

6）有一种隐忍其实是蕴藏着的一种力量，有一种静默其实是惊天的告白。

7）半窗疏影，一梦千年，琴歌萧萧笛声怜。

8）不恋尘世浮华，不写红尘纷扰，不叹世道苍凉，不惹情思哀怨。闲看花开，静待花落，冷暖自知，干净如始。

以下是仓央嘉措写的有唯美意境的诗歌中句子。

1）最好不相见，如此便可不相恋。最好不相知，如此便可不相思。

2）好多年了，你一直在我的伤口中幽居，我放下过天地，却从未放下过你，我生命中的千山万水，任你一一告别。

3）一个人需要隐藏多少秘密，才能巧妙地度过一生。

4）曾虑多情损梵行，入山又恐别倾城，世间安得双全法，不负如来不负卿。

5）世间事，除了生死，哪一件事不是闲事。

6）这佛光闪闪的高原，三步两步便是天堂，却仍有那么多人，因心事过重，而走不动。

7）结尽同心缔尽缘，此生虽短意缠绵。与卿再世相逢日，玉树临风一少年。

8）假如真有来世，我愿生生世世为人，只做芸芸众生中的一个，哪怕一生贫困清苦，浪迹天涯，只要能爱恨歌哭，只要能心遂所愿。

仓央嘉措的诗歌体现了悠远的意境美，其中大量地运用了比拟、双关、象征和排比等手法，以此烘托渲染气氛，塑造鲜明的艺术形象，创设出了悠远的艺术境界，取得了完美的艺术效果。仓央嘉措堪称使用意象传情达意的巨匠，其诗歌中各类意象比比皆是，如图5－4－1～图5－4－3所示。事实上，意象的丰富性已经构成了仓央嘉措诗歌的显著特点之一。

图 5-4-1　行僧

图 5-4-2　高原圣地

图 5-4-3　缘尘

2. 唯美意境的画面

大自然风景的唯美意境如图 5-4-4～图 5-4-7 所示。

图 5-4-4　唯美山河

图 5-4-5　宁静湖泊

图 5-4-6　齐美梯田

图 5-4-7　幽静水面

夕阳的唯美意境如图5-4-8和图5-4-9所示。

图5-4-8 飞鸟夕阳

图5-4-9 夕阳斜辉

动植物的唯美意境如图5-4-10~图5-4-13所示。

图5-4-10 对视

图5-4-11 寻蜜

图5-4-12 生机

图5-4-13 秋意

食物的唯美意境如图5-4-14、图5-4-15所示。

图5-4-14 午后小憩

图5-4-15 甜沁入心

空间的唯美意境如图 5-4-16 和图 5-4-17 所示。

图 5-4-16 清新客厅

图 5-4-17 意境玄关

唯美的画面充满意境的感觉，是许多人都喜欢的。当情景交融、虚实相生、有着生命律动的韵味无穷的诗意空间的图片呈现在眼前时，我们除了惊叹和赞赏，还能做什么呢？那或许就是收藏了。

第五节　禅境的表现

素材二十一

中国艺术家为何不满于纯客观的、机械式的摹写？因为艺术境界不是一个单层平面的自然的再现，而是一个深层境界的创构。从直观感相的摹写，到活跃生命的传达，再到最高境界的启示可以有三层次："情"是心灵对于印象的直接反映；"气"是"生气远出"的生命；"格"是映射着人格的高尚格调。

佛教自进入中国以来，就对中国文化的各个方面产生了广泛而深远的影响，使中国人的心灵在走向大自然的过程中变得更加深沉、超脱。宗白华先生说："禅是中国人接触佛教大乘义后体认到自己心灵的深处而灿烂地发挥到哲学境界与艺术境界。禅是动中的极静，也是静中的极动，寂而常照，照而常寂，动静不二，直探生命的本源。"

无锡特色小镇拈花湾（图 5-5-1）这个名字源于佛经中"佛祖拈花，伽叶微笑"的典故，融入了中国江南小镇特有的水系，打造出了山水禅境和唐风宋韵的景观建筑。在这里，人们不再只是通过古书、古人和古公案玩味禅文字，品尝禅书画，空谈禅道理；而是身临其境，沁润在禅中，生活在禅中，忘我在禅中，感悟在禅中。这里的一山一水、一草一木、一石一叶、一门一窗、一床一被、一衣一履、一桌一灯、一碗一筷、一杯一盏，乃至一只鸟叫、一片蛙鸣、一抹云彩、一缕薄雾、一点烛光、一丝暗香、一串晨钟、一遍暮鼓、一湾渔火、一舟晚唱，无处不是禅意，也无处不是生活，如图5-5-2~图5-5-7所示。这里从历代古禅公案中提取灵感，将公案中的智慧道具，如钵、茶、书、画，乃至狗子、野狐等转化为智慧生活艺术。这里所有的生活用品、旅游用品，都是禅艺精品都是可以带走的禅的审美记忆，让我们即使回到世间的繁杂生活时，仍然可以感受到拈花湾禅意生活方式的美丽延续。

图5-5-1　莲花型全局图——拈花湾

图5-5-2　禅意一角

图5-5-3　禅意灯饰

在拈花湾，每一间酒店的房间，都以一位禅诗作者命名，都有三件可带走的"禅艺"，一件是打开了你心锁的房间钥匙，一件是以与这个房间同名的诗人的某一诗篇为内容的书法限量复制品，一件是与这幅诗书同名的禅画限量复制品，但你如果要带走三件禅艺，那么必须留下三件禅艺——你为下一位禅客制作的钥匙，抄写的书法，临摹的禅画。这叫传印，也叫传心，也叫心心相印。

图5-5-4　禅意商业区

图5-5-5　禅意休闲区

图5-5-6　一禅依

图5-5-7　夜景灯光

在拈花湾，任何一处喝茶、吃饭、品酒、听琴、闻香、沐浴、观水和经行的地方，都有与之相应的禅艺。它们载着你的记忆，你可将它们带回红尘。同样，你必须为下一位禅客，留下你的体温、你的馨香、你的身影和你的感觉。你将所有这些无法言喻的禅的体验寄托给一件精美或者朴拙的禅艺，也许下一位禅客能够读懂。

在拈花湾，每一位无意禅艺的禅客都是有心的禅艺中人。每个人的任何行为，都是一道禅艺风景；每个人的吃住行游购娱，都在为拈花湾的不断创建贡献力量。拈花湾因为每一位禅客的禅意生活，成为举世无双的禅艺大观园。可以说，拈花湾是禅境表现最好的实例。

参考文献

[1] 朱光潜. 谈美 [M]. 重庆：重庆出版社，2019.

[2] 李厚泽. 美的历程 [M]. 上海：天津社会科学院出版社，2019.

[3] 黄高才. 大学美育 [M]. 北京：北京大学出版社，2018.

[4] 赵伶俐，温忠义. 互联网＋大美育课程论 [M]. 北京：北京大学出版社，2016.

[5] 宋修见. 中华美育精神访谈录 [M]. 北京：北京大学出版社，2019.

[6] 钟蔚. 形象设计与表达：色彩·妆容·服饰 [M]. 北京：中国纺织出版社，2015.

[7] 杨伯峻. 论语译注 [M]. 北京：中华书局，2009.

[8] 司马迁. 史记 [M]. 北京：中华书局，2019.

[9] 罗贯中. 三国演义 [M]. 北京：人民文学出版社，2010.

[10] 蒋勋. 蒋勋说红楼梦 [M]. 北京：中信出版社，2017.

[11] 沈从文. 边城 [M]. 南京：江苏人民出版社，2014.

[12] 仓道来，田醒民. 人格美的塑造 [M]. 北京：北京大学出版社，1998.

[13] ［德］黑格尔 G. W. F. 美学 [M]. 寇鹏程，译. 重庆：重庆出版社，2016.

[14] 赵伶俐，许世虎，李雪垠. 审美·跨界——从规律到写意 [M]. 北京：北京师范大学出版社，2017.

[15] 中央美术学院美术史系外国美术史教研室. 外国美术简史 [M].

北京：高等教育出版社，1990.

［16］周积寅. 中国画学精读与析要［M］. 上海：上海人民美术出版社，2017.

［17］王发堂. 建筑审美学［M］. 南京：东南大学出版社，2009.

［18］白宗华. 美学散步［M］. 上海：上海人民出版社，2015.